AF346815

OEUVRES

PHILOSOPHIQUES

DE F. HEMSTERHUIS.

OEUVRES

PHILOSOPHIQUES

DE F. HEMSTERHUIS.

NOUVELLE ÉDITION, REVUE ET AUGMENTÉE.

TOME SECOND.

PARIS,

L. HAUSSMANN, IMPRIMEUR-LIBRAIRE, RUE DE LA HARPE, N°. 80.

1809.

ARISTÉE,

OU

DE LA DIVINITÉ.

Ἂν γνῷς τί ἐστι Θεός, ἥδιον ἔσῃ.

AVERTISSEMENT

DE

L'ÉDITEUR.

Comme il n'y a personne de nos jours qui ne sache la philosophie, et que l'étude de la morale est parvenue à un point de perfection et de raffinement qui étonne, on se flatte de coopérer à l'amusement du public, en lui offrant ce petit ouvrage métaphysico-moral.

Le manuscrit a été trouvé, à ce qu'on prétend, dans l'île d'Andros, du temps de l'expédition des Russes dans l'Archipel. Le texte grec est extrêmement corrompu : ce qui a obligé le traducteur, peu versé dans la critique, à ne rendre quelquefois que le gros des raisonnemens, et, afin d'être intelligible pour tout le monde, à substituer souvent des termes de notre physico-géométrie, au jargon indéchiffrable de la physique des anciens. On a cru en devoir avertir nos savans, afin qu'ils ne supposent pas aux Grecs des connoissances dont la découverte ou la création ne leur appartiennent pas.

On doit encore à la chasteté publique du siècle, des excuses de quelques expressions trop hardies, qu'on trouve dans ce petit écrit; mais on supplie humblement le public, d'un côté, de considérer, qu'elles sont inévitables lorsqu'on a pour but de faire des recherches sur la nature des désirs; et, de l'autre, de réfléchir, que les siècles se doivent mutuellement quelque indulgence, et que, s'il étoit de la décence, ou du sens commun, de supposer un siècle encore plus parfait que le nôtre, nous-mêmes, dans toute notre perfection, aurions besoin, pour ainsi dire, de quelque bonté de sa part.

Pour ce qui est de l'auteur de cet écrit, il paroît tenir à l'école de Socrate. On voit dans l'ouvrage quelques traits, quoique foibles, du bon sens de ce philosophe, de la poésie de Platon, et de l'exactitude d'Aristote. Il paroît être Athénien, et du temps de Démétrius de Phalère; puisque, d'un côté, il parle dans son dialogue du célèbre Protogène, peintre qui a fleuri vers le temps du siége de Rhodes; et que, de l'autre, il est manifeste que l'un des interlocuteurs a brillé dans la guerre Lamiaque.

L'ouvrage est adressé à Diotime. On sait que Diotime étoit cette femme sacrée et prodigieuse, dont Socrate avoue avoir appris tout ce qu'il savoit sur la nature de l'amitié, et qui a fleuri vers la quatre-vingt-deuxième olympiade; mais la confondre avec celle dont il s'agit ici, seroit lui supposer au moins l'âge de cent quarante ans.

Je fais des vœux sincères pour que ce petit ouvrage puisse plaire et instruire : ce qui est synonyme de nos jours.

DIOCLÈS a DIOTIME,

BONHEUR.

Sage et sacrée Diotime [1], je vous adresse le dialogue sur la Divinité, dans lequel j'avois tâché de développer les dogmes qui vous guident dans l'éducation de vos enfans, dans l'instruction de ceux qui vous comprennent, et généralement dans la conduite de la vie. Vous y verrez avec plaisir le tableau de vos mœurs, de votre doctrine,

[1] Il y a dans le grec Ἱερὰ καὶ σοφωτάτη Διοτίμα.

et du ton qui règne dans vos actions.
Mais vous direz souvent avec douleur:
Plût aux dieux, Dioclès, que votre
dédicace s'adressât à tous les Athéniens!

ARISTÉE,

OU

DE LA DIVINITÉ.

~~~~~~

ARISTÉE ET DIOCLÈS.

———————

DIOCLÈS.

Qu'est-ce que vous regardez-là, mon cher Aristée; est-ce quelque plante inconnue?
~~~~~~

ARISTÉE.

Non : c'est un spectacle qui m'occupe depuis un quart-d'heure, et qui me donne des idées tristes et désagréables. Regardez, je vous prie, ce pauvre ver de terre : il est assailli par un insecte noir, qui ne lâche jamais prise : il est déchiré de toute façon, sans qu'il ait aucune arme par laquelle il puisse se défendre contre son cruel ennemi. — Voyez comme il se courbe et se replie. — Ne croyez-vous pas que cet animal souffre prodigieusement ?

DIOCLÈS.

Assurément, je le crois. Ses mouvemens forcés me paroissent un langage trop éloquent pour en douter. — Allons, écrasez cet insecte ; car cela n'est pas agréable à voir.

ARISTÉE.

Si je l'écrase, vous direz de moi ce que je dis de l'insecte ; car il ne se défendra pas mieux que le ver.

DIOCLÈS.

Là. — Finissons cette guerre. — Les voilà bien morts tous les deux. L'insecte est puni ; et le pauvre ver ne souffre plus.

ARISTÉE.

Ah, cruel que vous êtes! ne craignez-vous pas que quelque éléphant ne vous écrase à son tour?

DIOCLÈS.

Non. — Mais, dites-moi, quelles tristes idées ce spectacle vous donne-t-il? pour des idées désagréables, je le conçois.

ARISTÉE.

N'est-il pas triste de voir un être qui sent, mis en pièces pour servir, tout vivant, de pâture à un autre être, sans pouvoir adoucir ses tourmens par l'acte d'une défense? Si Jupiter, tout puissant et tout juste, avoit formé cet univers, on ne verroit pas un tel désordre. Ne dois-je donc pas conclure de ce désordre, que l'univers n'a pas été formé par un Dieu, mais qu'il existe éternellement par soi-même, et que ses parties ne changent de modifications, que par les cas fortuits des contingences?

DIOCLÈS.

Assurément, Aristée, ce que vous dites-là est bien riche, et comprend bien des choses en peu de mots.

ARISTÉE.

Comment donc?

DIOCLÈS.

Vous dites que le mal d'être dévoré est un désordre ; que s'il y avoit un Dieu, ce désordre n'existeroit pas ; que par conséquent il n'y a point de Dieu ; et qu'ainsi l'univers est gouverné par le hasard.

ARISTÉE.

Oui, cela me paroît ainsi. — Et à vous ?

DIOCLÈS.

J'avoue qu'être dévoré tout vivant, est un mal pour celui qui est dévoré : mais pour celui qui dévore, c'est un bien ; et je ne vois-là, après tout, aucun désordre.

ARISTÉE.

Comment ? n'est-ce pas un désordre dans l'univers, qu'un être susceptible de sensations agréables souffre les plus horribles tourmens ?

DIOCLÈS.

Pour répondre à cette question, Aristée, il nous faudroit savoir ce que c'est que désordre. Le savez-vous ?

ARISTÉE.

Comparez seulement la vie errante des anciens Pélages à la société réglée de nos

Athéniens d'aujourd'hui; et vous saurez ce que c'est.

DIOCLÈS.

Mon cher Aristée, vous me donnez-là le tableau d'un bien et d'un mal peut-être, mais non pas celui de l'ordre ou du désordre.

ARISTÉE.

Comment les définiriez-vous mieux, je vous prie?

DIOCLÈS.

L'idée d'ordre, Aristée, tient à notre façon de penser dans l'état où nous sommes. Le mot *ordre* désigne une certaine modification, une certaine disposition dans plusieurs choses, qui fait que notre intellect, constitué comme il l'est à présent, peut s'apercevoir, avec la plus grande facilité, du tout formé par la coexistence, ou la succession, ou la nature de ces choses, et sentir, avec la plus grande facilité, les rapports qu'elles ont ensemble. — Convenez-vous de cette définition?

ARISTÉE.

Parfaitement.

DIOCLÈS.

Ainsi, comme les hommes diffèrent prodigieusement dans leurs forces intellectuelles, c'est-à-dire, que l'un peut voir des rapports beaucoup plus éloignés que l'autre, il s'ensuit que l'idée d'ordre est relative à chaque individu, et qu'ordre dans la tête d'un sauvage, est autre chose qu'ordre dans la tête d'un profond métaphysicien géomètre. Le premier verra de l'ordre, peut-être, dans une progression arithmétique; le second verra de l'ordre dans une série extrêmement compliquée, qui toute sera désordre pour le premier. Mais *ordre* est également relatif et à la progression, et à la série, c'est-à-dire, aux choses disposées dans un certain ordre. Par conséquent, mon cher Aristée, bornés comme nous le sommes par le petit nombre de nos organes, s'il y a de l'ordre dans l'univers, comment, je vous supplie, pourrions - nous le comprendre? Lorsque nous voyons l'expression algébrique ' d'une

---

' C'est dans cet endroit, comme dans plusieurs autres, où il s'agit de série infinie, de pendule, de montre, etc., qu'il se trouve des lacunes très-considérables dans l'original, et où le traducteur a été obligé de sacrifier même le costume, pour suivre les raisonnemens de Dioclès, et pour parvenir à ses conclusions, qui souvent sont assez intéressantes.

ou de deux grandeurs extrêmement compliquées, et qu'il ne se manifeste à nous aucun
ordre ni analogie dans les parties qui les
composent; comment jugerions-nous si ces
grandeurs sont isolées, ou bien si ce sont
des termes d'une suite infinie, où règne un
ordre beaucoup au-dessus de notre manière
de concevoir? Ainsi nous serions peu fon-
dés en affirmant, que ce que nous appelons
mal ou bien, fût ordre ou désordre dans
l'univers.

ARISTÉE.

J'avoue, Dioclès, que vous avez raison.
Mais vous sentez bien, je suppose, que vous
faites mal votre cour à ceux qui admettent
l'existence d'un Dieu.

DIOCLÈS.

Comment cela?

ARISTÉE.

Vous rendez problématique, s'il y a de
l'ordre dans l'univers; tandis qu'ils prouvent
la Divinité par l'ordre qu'ils prétendent y
reconnoître.

DIOCLÈS.

Cela est très-bien senti, Aristée. Cependant, voici mon opinion. Je vois bien qu'il

y a de ce que j'ai appelé ordre dans quelques parties de l'univers que je connois; mais je ne crois pas devoir en conclure, qu'il y a de l'ordre dans l'infini, que j'ignore; et ceux qui veulent prouver la Divinité par la petite quantité qu'ils voient de ce qu'ils appellent ordre, bâtissent, à mon avis, sur un fondement peu solide; et il me semble qu'il faudroit prouver Dieu et l'ordre d'une toute autre façon. Si nous poussions nos recherches sur ce que c'est que Dieu et ordre, avec l'ardeur et l'amour pour la vérité que de tels sujets demandent, nous parviendrions peut-être à des vérités, qui se lieroient parfaitement à celles que nous avons déjà trouvées, et qui, faisant corps avec elles, pourroient servir à donner à l'ame cette vigueur, cette assiette tranquille, cette vue perçante, qui lui fait envisager son état futur avec sécurité, et avec un plaisir indestructible.

ARISTÉE.

Je le souhaite fort, mon cher Dioclès. Mais c'est à vous à nous mettre sur la voie: car j'avoue que la grandeur de ces objets m'étonne; et je ne sais pas trop par où les entamer.

DIOCLÈS.

Je suis à-peu-près dans le même cas, Aristée. Mais je vais tâcher de vous satisfaire, à condition que vous m'avertirez lorsque je manquerai de clarté, ou de justesse, dans mes raisonnemens. Si nous considérons ce que nous appelons ordre, nous trouvons qu'il suppose similitude, proportion, régularité, analogie constante, succession uniforme, ou uniformément retardée ou accélérée, loi universelle, qui produit des effets proportionnés aux choses qui lui sont soumises, etc. Lorsque nous observons ces qualités dans plusieurs choses quelconques, nous l'appelons ordre; et cet ordre nous est agréable, par la raison que l'ame veut naturellement le plus grand nombre possible d'idées, dans le plus petit espace de temps: car il est clair, que ces qualités de similitude, proportion, etc., servent de chaîne ou de lien, qui nous facilite les moyens de nous former l'idée d'un tout composé de plusieurs parties. Il est donc évident, que pour des êtres dont les ames n'auroient pas la faculté de lier plusieurs idées pour en faire un total, les parties qui composent l'univers, autant que nous le connoissons jusqu'ici, n'auroient pas ce que nous appelons ordre. Par conséquent ce qui paroît ordre pour nous, n'est pas ordre dans les choses. Notre *ordre* n'est que le résultat de quelques qualités, qui se trouvent dans les choses, analogues à cette singulière faculté. Je ne dis pas, mon cher Aristée, qu'il n'y a point d'ordre dans l'univers; mais qu'il y en a un tout autre que celui que nous appelons ordre: et c'est pour cela que j'ai dit, que ceux qui voudroient prouver l'existence de la Divinité par l'ordre qu'ils voient, et qui dérive de la nature de l'homme, se servent d'une preuve peu digne de la majesté du sujet. — La preuve de ce que je dis, c'est qu'ils ne voient leur ordre, que dans tout ce qui est près d'eux, sur la surface de la terre, ou dans les mouvemens des planètes de leur soleil. Mais qu'une belle nuit ils contemplent la vaste étendue de la voûte étoilée; et qu'ils me disent, si, suivant leurs idées d'ordre, on sauroit faire le tableau d'un désordre plus parfait.

ARISTÉE.

Vous venez de me faire voir distinctement, Dioclès, ce que j'avois cru entrevoir il y a long-temps; savoir, que ce que nous appelons ordre, ne sauroit être dans les choses, ni servir de règle à ce qui seroit ordre pour des êtres autrement composés, ou pour un Dieu créateur, s'il y en avoit; en un mot, qu'*ordre* est relatif, et qu'il n'existe pas de l'*ordre* en général.

DIOCLÈS.

Aristée, ne quittons pas encore nos recherches sur la nature de l'ordre. Examinons, avant d'affirmer, qu'il n'existe point d'ordre en général. Nous avons dit, qu'ordre étoit relatif aux choses où il régnoit un certain ordre. Regardez, je vous prie, cette belle colonnade des Propylées [1]: il y a là de l'ordre, si je ne me trompe.

ARISTÉE.

Assurément, il y en a.

DIOCLÈS.

L'ordre que vous y admirez, Aristée, tient-il à la première colonne, ou à la cinquième, ou à la huitième?

[1] C'est ainsi que s'appeloit la porte superbe, qui étoit à l'entrée de la citadelle d'Athènes. Cet édifice avoit été construit sous les auspices de Périclès, par Mnésiclès l'architecte. Il avoit coûté 2012 talens.

ARISTÉE.

Non, assurément: il tient à toutes les colonnes ensemble.

DIOCLÈS.

Ces colonnes sont de marbre blanc; mais
supposons qu'il y en eût de porphyre, de
jaspe rouge, de granite, du brillant marbre
de Paros pêle-mêle, sans que pourtant la
figure, la grandeur, ni le rapport local de
ces colonnes fussent changés; y verriez-vous
encore de l'ordre?

ARISTÉE.

Oui certainement, j'y verrois la colonnade; mais j'avoue que l'ordre dans cette
colonnade ne sera plus ni si parfait, ni si
riche.

DIOCLÈS.

Et la raison?

ARISTÉE.

La raison? — c'est que l'égalité de la couleur de ces colonnes me facilite à présent
encore le moyen de me faire promptement
l'idée du tout qu'elles composent.

DIOCLÈS.

Il suit du second exemple, que les choses
qui ont quelques qualités en commun sont
susceptibles d'ordre; et du premier, que

plus les choses ont de qualités en commun,
plus elles sont susceptibles d'ordre.

ARISTÉE.

Cela est vrai, Dioclès. Mais si je regarde
la flûte dont le dieu Pan fut l'inventeur, je
vois de la régularité et de l'ordre, quoique
ses tuyaux soient d'inégale longueur : si je
considère une progression quelconque, j'y
vois de l'ordre, quoique tous les termes diffèrent entr'eux. Où sont donc les qualités
communes de ces tuyaux de la flûte, et de
ces termes de la progression ?

DIOCLÈS.

Chaque tuyau de la flûte, et chaque terme
de la progression, a la qualité d'excéder celui qui le précède, autant qu'il est excédé
par celui qui le suit : et cela nous montre
clairement, Aristée, qu'ordre n'est pas dans
une chose, ou dans un individu, mais consiste dans la régularité des rapports qu'il y
a entre les choses.

ARISTÉE.

Hé bien, j'en conviens; et je prends avec
vous, pour trois vérités fondamentales,
1°. que des choses qui ont des qualités en
commun, sont susceptibles d'ordre, pour les

êtres, s'entend, qui ont les facultés requises
pour apercevoir ces qualités; 2°. que plus
les choses ont de qualités en commun, plus
elles sont susceptibles d'ordre, pour de
tels êtres; et 3°. que ce qu'un être quelconque peut appeler ordre dans les choses,
consiste dans les rapports qu'il a la faculté
d'apercevoir entr'elles. Mais à quoi cela
nous mène-t-il, mon cher Dioclès? car
il est clair, par ces vérités, qu'ordre n'est
que relatif aux êtres qui ont les facultés requises pour s'apercevoir de certains rapports
entre les choses : ce qui est si vrai, que je
pose en fait, que jamais aucun être, quel
qu'il soit, n'a pu apercevoir ce qui est ordre
pour lui, ailleurs que dans les choses produites par sa propre activité, ou par celle
de ses semblables. Remarquez que j'appelle
nos semblables tous les animaux, qui (pour
parler votre langage, que j'adopte) tiennent
au visible, au sonore, etc. Je soutiens qu'aucun être, à quelque face de l'univers qu'il
appartienne, de quelque degré de perfection ou d'imperfection qu'il jouisse dans les
classes des êtres, n'a jamais pu apercevoir
ce qui est à ses yeux symétrie, régularité,
ou vraie proportion, ailleurs que dans les

arts de la propre invention de ceux de sa
classe, et qui ne tiennent pas à l'imitation
de la nature, mais qui ont l'utilité de cette
classe pour fin et pour but.

DIOCLÈS.

Quoique vous poussiez les choses un peu
loin, Aristée, vous faites voir parfaitement
qu'ordre est relatif à l'être qui en a la sensation. Mais pourtant il dérive de la nature
des choses. Posons que cent choses aient
entr'elles la vingtième partie de toutes leurs
qualités en commun; il suit de notre vérité
fondamentale, que ces choses seront richement susceptibles d'ordre, pour un être qui
aura les moyens d'avoir la sensation de ces
qualités. Or, tout ce qu'il y a dans l'univers,
sans exception, a dans soi la force d'être, et
d'être tel qu'il est : c'est son essence, dont
toutes les qualités, que nous ou d'autres
êtres en connoissons, ne sont que des relations. Or, toutes les choses qui sont, ont en
commun cette force d'être, cette primitive
qualité d'essence ; par conséquent, toutes
les choses qui sont ensemble, peuvent former le plus bel ordre, pour un être qui
connoîtroit aussi parfaitement les essences

des choses, que nous nous apercevons de leurs figures ou de leurs couleurs.

ARISTÉE.

J'avoue que cela est possible; mais il y auroit l'infini contre un à parier, qu'il n'en est pas ainsi.

DIOCLÈS.

Comment cela?

ARISTÉE.

Figurez-vous cent colonnes, qui aient en commun leur couleur et la proportion de leur figure, mais dont les hauteurs diffèrent sans proportion et sans ordre; je vous prie de m'en faire une colonnade aussi belle que celle que vous voyez-là. — Les parties de l'univers nous paroissent toutes aussi hétérogènes.

DIOCLÈS.

Je comprends, Aristée: vous y voulez de notre régularité et de notre symétrie. — Mais soit. — Votre réflexion m'est précieuse, puisqu'elle me fait sentir que nous sommes allés trop vîte encore dans la définition de l'ordre, et que nous pourrions la réduire à une expression plus simple et plus générale. Nous n'avons considéré l'ordre que par la symétrie, la proportion et la régularité. Nous n'avons considéré un tout qu'en qualité de composé de parties, ou égales, ou en proportion continue, arithmétique, géométrique, ou telle autre qu'il vous plaira. Mais rappelez-vous, mon cher Aristée, ce célèbre tableau de Rhodes, où Protogène a représenté la belle figure de Ialysus par de petites pièces si parfaitement rapportées, qu'on ne sait pas en discerner les jointures [1]. Si Protogène avoit pris les pièces qui forment les prunelles de Ialysus, et celles qui composent les ongles de ses orteils, et qu'il eût mis les unes à la place des autres, le beau Ialysus seroit un tout absurde et hideux : et si alors je vous demandois si ces pièces sont à leur place, ou se trouvent en ordre, que répondriez-vous ?

ARISTÉE.

Je dirois qu'elles ne sont pas en ordre, ni à leur place pour former un Ialysus.

______

[1] Ce passage est remarquable, puisqu'il ne se trouve aucun autre endroit dans les auteurs anciens où il soit dit positivement que ce tableau célèbre de Protogène fût travaillé en mosaïque ; ce qui d'ailleurs ne paroît guère vraisemblable.

DIOCLÈS.

Figurez-vous une progression quelconque; si je mets le dixième terme à la place du troisième, il n'y a plus de progression; et pourquoi?

ARISTÉE.

Mais parce que les termes ne sont pas à leur place pour former cette progression.

DIOCLÈS.

Nous avons dit tantôt, que les choses sont susceptibles d'ordre par les qualités qu'elles ont en commun; et qu'elles en seroient plus ou moins susceptibles, à mesure qu'elles auroient des qualités en commun. Mais nous avons tiré cette conclusion en considérant seulement un péristyle, dont toutes les colonnes sont de hauteur et de figure égales. Ainsi, pour rendre notre définition générale, et également bonne pour le Ialysus, la progression et les Propylées, il faut la corriger et dire, 1°. que les choses sont susceptibles d'ordre par les qualités qu'elles ont en commun, pour former ensemble un tout déterminé; et 2°. que les choses sont plus ou moins susceptibles d'ordre, à mesure qu'elles ont plus ou moins de ces qualités en commun, pour former un tout déterminé. Par conséquent, mon cher Aristée, la définition d'ordre en général est trouvée : c'est la disposition des parties qui forment un tout déterminé quelconque; et désordre, c'est la disposition des choses qui ne forment pas un tout déterminé. Or, il s'ensuit, 1°. que dans un total subalterne, déterminé et limité par les facultés d'un être borné quelconque, il y règne un ordre, mais imparfait; puisque dans ces totaux les parties qui les composent ne les composent pas par leurs essences, ou par toutes leurs qualités ensemble ; les matières différentes qui composent le Jupiter à Elis, ou la Minerve à Athènes [1], ne les composent que par leur couleur, leur figure et leur éclat; 2°. que pour tout être borné quelconque, il faut qu'il existe une infinité de choses qui ne forment pas un tout déterminé pour lui, parce qu'il ne sauroit connoître leurs essences, ou l'assemblage de toutes leurs qualités, et que par conséquent il existe pour lui beaucoup de désordre; et 3°. que ce total infiniment déterminé, ce tout absolu, cet univers, qu'il soit créé par l'énergie toute

[1] Le Jupiter à Elis, et la Minerve à Athènes, étoient les deux statues les plus célèbres de Phidias.

puissante d'un Dieu, ou qu'il existe par soi-même, est composé de parties qui le composent, non par leurs qualités, mais par leurs essences entières ; et que par conséquent tout désordre dans l'univers est impossible. Ainsi, mon cher Aristée, ce que vous disiez tantôt, que le mal étoit un désordre dans l'univers, est faux : et comme vous avez osé conclure de votre prétendu désordre, qu'il n'y avoit point de Dieu, j'aurois le droit de conclure de mon ordre tout le contraire. Mais cette conclusion me paroîtroit trop hasardée, puisque l'univers, existant par soi-même, jouiroit également de notre ordre trouvé : et vous voyez par-là qu'on ne peut pas prouver Dieu par l'ordre ; mais qu'on pourroit prouver directement l'ordre par Dieu.

ARISTÉE.

J'avoue, Dioclès, que je ne puis contredire votre raisonnement, qui me frappe. Mais j'ai dit tantôt, que la grandeur des objets que nous traitons m'étonnoit ; je dis à cette heure, que les difficultés qui nous restent à vaincre m'étourdissent.

DIOCLÈS.

Est-ce par leur nombre ou par leur qualité ?

ARISTÉE.

Par leur qualité.

DIOCLÈS.

Quel bonheur, mon cher Aristée ! car si c'étoit par leur nombre, le temps pourroit nous manquer. — Quant à leur qualité, ne craignons rien, protégés comme nous le sommes par le puissant génie de Socrate Mais quelles sont ces difficultés, je vous prie ?

ARISTÉE.

Il y en a trois : la première, c'est que de cet ordre dans l'univers, suivra une nécessité absolue ; la seconde, qu'il faut prouver que le mal n'est pas un mal ; la troisième, qu'il faut prouver l'existence nécessaire d'un Dieu créateur.

DIOCLÈS.

Commençons par la première ; passons ensuite à la troisième ; et ces deux difficultés vaincues, nous trouverons aisément, non que le mal n'est pas un mal, mais ce que c'est que le mal.

ARISTÉE.

Comme il vous plaira. — Mais à vous dire vrai, Dioclès, vous montrez un peu trop d'audace, à ce qu'il me semble.

DIOCLÈS.

Je vous montre toute mon audace, Aristée, afin de vous en donner pour me combattre de toutes vos forces. C'est-là le chemin
de la vérité. L'auguste vérité habite un temple au sommet d'un rocher inébranlable,
qui touche à la demeure des dieux immortels. Il est à jamais entouré d'épais nuages,
de brouillards et de vapeurs, qui rompent
les rayons qui descendent de la déesse jusqu'à nos yeux, et nous font voir son spectre
irrégulier et confus, souvent bien à côté de
sa position véritable. Chacun de nous voit son
fantôme, suivant la réfraction du nuage qui
se trouve devant lui. — Méprisons nos fantômes ; perçons ces vapeurs ; écartons ces
nuages, Aristée ; cherchons l'immortelle dans
son temple ; ne craignons rien, elle aime les
amans hardis ; elle ne demande pas qu'on la
respecte ; elle désire qu'on la connoisse ; et le
culte qu'on lui doit en dérivera de soi-même.
Quel bonheur pour nous, mon cher Aristée,
si, parvenus au pied de son trône, nous
pouvions voir percer sa lumière directe à
travers la route pure que nous aurions
tracée !

ARISTÉE.

Ce que vous dites-là est fort beau, Dioclès. Mais ne perdons pas le temps en poésie : sentez-vous tout ce qui paroît suivre de ce total absolu, de cet univers composé de ses parties par toutes leurs essences ?

DIOCLÈS.

Pas tout peut-être.

ARISTÉE.

Si les parties de l'univers, par leurs essences entières, composoient un tout déterminé, et que chaque partie tînt sa place, pour coopérer, autant que toute son essence le permettroit, à la formation de ce tout, la partie A ne sauroit jamais se trouver à la place de la partie B; et par conséquent il ne sauroit y avoir du changement, ni du mouvement dans l'univers; et le tout et les parties seroient éternels, nécessaires et immuables : et c'est exactement le cas de votre Ialysus et de la progression.

DIOCLÈS.

Vous parlez d'un bloc de marbre, je pense. — Dans cette supposition, vous avez raison. Si l'univers est un bloc de marbre déterminé, tout ce que vous venez d'en dire est exactement vrai. — Mais une pendule, est-ce un tout déterminé ?

ARISTÉE.

Oui.

DIOCLÈS.

Lorsqu'elle n'est pas montée, ou lorsqu'elle montre les heures ?

ARISTÉE.

Dans les deux cas, ce me semble.

DIOCLÈS.

Dans le premier, c'est le bloc de marbre ; et dans le second, c'est l'univers : et vous ne pensiez pas, peut-être, que l'activité du ressort, et la mobilité des roues, fissent partie de l'essence de la pendule. — Vous prenez pour l'univers ce petit agrégé de parties, qui ont de l'analogie avec notre tact, nos yeux, ou nos oreilles. Souvenez-vous, je vous prie, de cet immense univers, qui a autant de faces différentes, qu'il y a des rapports possibles entre les essences qui le composent. Songez que la partie A, dont vous parlez, n'est pas uniquement un atome de ce que nous appelons matière. Songez qu'il y a des parties de l'univers douées de mobilité, d'activité, de volonté, de liberté, bornées, non par leur nature, mais par leurs rapports avec

d'autres parties qui les entourent. S'il est de
la nature d'une partie, d'être active et mobile, il est de sa nature d'agir et de se mouvoir : et ne pensez pas, Aristée, que ces facultés détruisent l'ordre dans l'univers. Plus
les parties ont des qualités en commun,
plus elles seront richement susceptibles d'ordre, suivant nos vérités trouvées. Ainsi ne
craignez pas que la mobilité dans l'univers
en gâte l'ordre, s'il est vrai que vous voyez
de l'ordre dans le rythme et dans la danse.
— Voilà, mon cher, ce qui suffit pour répondre à une partie de vos difficultés. Mais
avant que de passer plus loin, permettez
que je vous fasse une question. Vous avez
supposé que le tout et les parties de l'univers étoient immuables, éternels et nécessaires. J'ai répondu au premier point, n'est-
ce pas ?

ARISTÉE.

Oui, pleinement ; et je sens que j'ai pris
trop à la lettre l'expression *à sa place*,
et que j'aurois dû dire *dans l'ordre qui lui
convient*.

DIOCLÈS.

Cela est très-vrai. Mais voici ce que je

vous demande. Vous avez dit que l'univers est éternel et nécessaire : l'avez-vous conclu de son immutabilité ? ou aviez-vous d'autres raisons ? Dans le premier cas, nous aurions fini notre besogne ; mais dans le second, il faut vous écouter.

ARISTÉE.

J'avoue, Dioclès, que, dans la chaleur du discours, j'ai pris ces trois choses pour synonymes. La réflexion ne me fait pas changer d'opinion. Ce qui est immuable, ne sauroit changer ; ce qui ne sauroit changer, est éternel ; et ce qui est vraiment éternel, est nécessaire.

DIOCLÈS.

Ainsi je crois vous avoir prouvé, Aristée, que de ce que l'univers est susceptible du plus bel ordre, il ne suit pas qu'il soit immuable, éternel et nécessaire. — Cependant, la suite des recherches que nous nous sommes proposées, demande, à ce qu'il me semble, un examen un peu plus rigide de ces trois expressions. L'immuable, vous l'avez bien défini, Aristée ; et suivant cette définition, je puis me figurer une chose immuable de deux manières : ou c'est une

chose dont l'essence est immuable, mais
dont les rapports avec d'autres essences peuvent changer; ou bien, une chose dont l'essence seroit immuable, et dont tous les
rapports le seroient de même. Mais comme
ce dernier cas supposeroit un univers immuable, ce que nous voyons être faux, ce
dernier cas est absurde. Etre immuable, c'est
être éternel pour le futur; mais cela n'ex-
clut pas un commencement. Etre immuable
par essence, excluroit tout commencement.
Nous voyons par-là que *l'immutabilité* est
une qualité qui tient à la nature de l'essence, ou à l'essence même. *L'éternité* est une
qualité de relation; c'est une qualité de l'essence relativement à la durée; et elle n'ex-
clut pas le commencement. Etre éternel par
essence, ou par soi-même, c'est être relativement à l'éternité absolue. *Nécessaire* est
un mot dont les philosophes ont étrange-
ment abusé. Ils disent qu'une chose existe
nécessairement, lorsqu'il seroit contradictoire qu'elle n'existât pas. Cela est vrai: mais
suivant cette définition, il n'y a rien dans
l'univers entier qui n'existe nécessairement;
puisqu'il est contradictoire qu'existant, il
n'existât pas. Je sais bien qu'ils donnent en-

core un autre sens au mot *nécessaire* : ils disent qu'un être nécessaire est un être dont l'essence est d'exister, et qui existe par sa propre nature; et dans ce cas, tout commencement et toute fin seroient exclus. Mais cela revient exactement au même : car pour prouver qu'un être est nécessaire de cette façon, il faut commencer par prouver qu'il existe, ou qu'il a existé de tout temps. Ils disent encore, que la cause produit nécessairement son effet, après avoir dit que cause n'est cause de l'effet qu'en produisant l'effet; ce qui est vrai; mais par-là ils ne disent que ceci : *cause est cause.* Supposons que l'essence A peut produire B : si je dis que B est nécessairement produit par l'essence A, je considère A, non dans sa qualité essentielle, ou d'essence, mais comme une cause qui produit actuellement B. Ainsi, lorsque je dis que A produit nécessairement B, je ne dis rien autre chose, sinon, que lorsque A produit B, il est contradictoire que A ne produise pas B; ou, lorsque B est actuellement l'effet de A étant cause, qu'il est nécessaire que B soit actuellement l'effet de A étant cause. Mais si l'essence A ne produit pas B, A est et reste A. Par tout ceci, mon cher Aristée, nous voyons clairement, que le mot *nécessaire* n'est qu'une épithète ajoutée à ce qui est; et qu'être, agir, produire, durer nécessairement, ne dit autre chose qu'être, agir, produire, ou durer. — En êtes-vous d'accord?

ARISTÉE.

Cela me paroît incontestable. Mais continuez, je vous prie.

DIOCLÈS.

Il est impossible, Aristée, que le rien produise quelque chose. Ainsi, de la seule assertion qu'il y a quelque chose, on peut conclure sûrement, qu'il y a un être qui existe par lui-même, et pour l'existence duquel il n'y a ni fin ni commencement quelconque, soit que cet être soit un Dieu créateur, ou bien un univers existant par lui-même : et c'est une vérité si parfaite, qu'elle suit immédiatement du sentiment de notre propre existence : c'est la première de toutes les vérités que nous devons à l'intellect, non seulement par son importance, mais aussi par sa clarté.

ARISTÉE.

Je conviens parfaitement de cette vérité.

Mais il est également vrai que nous serions plus raisonnables en supposant que cet être est l'univers, dont nous voyons quelque chose, qu'en supposant que c'est un Dieu créateur, dont nous ne voyons rien.

DIOCLÈS.

Si Eudoxe de Cnide [1] nous disoit, « nous « serions plus raisonnables en posant le mou- « vement du soleil, que nous voyons, qu'en « posant celui de la terre, que nous ne « voyons pas; » serions-nous de son avis?

ARISTÉE.

Non assurément : car nous savons de science certaine que la terre tourne.

DIOCLÈS.

Ainsi nous lui dirions : « célèbre Eudoxe, « pour être plus raisonnables encore, ne « supposons rien, mais tâchons de savoir. » Et pour nous, Aristée, afin de ne rien sup- poser, examinons si dans la nature de l'uni- vers, du côté que nous le connoissons, il n'y auroit pas quelque chose qui répugnât ab- solument à une existence par essence. Si

[1] Tout ce que nous savons de certain de ce philoso- phe, répond peu à la grande réputation dont il jouis- soit chez les anciens.

nous nous élevons pour contempler l'univers à son juste point de vue, nous verrons que c'est de six côtés différens que nous pouvons l'envisager : 1°. comme purement physique : 2°. comme organisé : 3°. autant qu'il est susceptible d'action et de réaction : 4°. du côté intellectuel : 5°. en tant que moral : et enfin, 6°. du côté des rapports entre ses parties et des lois qui en dérivent. — Nous sommes d'accord sur ce que nous appelons physique : c'est le tangible, le visible, le sonore, etc. Nous voyons que l'univers, comme physique, est un agrégé de parties déterminées et circonscrites. . Un milliard de parties distinctes, déterminées et circonscrites, font un tout déterminé et circonscrit. Par conséquent, l'immense univers, considéré comme physique, quelque prodigieusement que ses bornes soient au-delà de la portée de nos organes, est un tout déterminé et circonscrit.

ARISTÉE.

Mais si le nombre de ses parties alloit à l'infini ?

DIOCLÈS.

Il n'y a pour nous, jusqu'ici, que deux

infinis, l'espace et la durée; et ils sont infinis, par la raison qu'ils n'ont point de parties. Un corps est dans l'espace, mais n'en
fait pas partie : un évènement est dans la
durée, mais n'en fait pas partie. Le vrai infini est un; il n'est ni déterminé, ni circonscrit.

ARISTÉE.

Mais une progression infinie?

DIOCLÈS.

Est circonscrite et déterminée par sa nature. Vous avez beau appeler l'éternité à
votre secours, elle est telle dans tous les instans de la durée éternelle; et elle est telle,
parce que ses parties sont déterminées. Mais,
Aristée, nous parlons ici de choses qui existent, et non de quantités imaginaires.

ARISTÉE.

Je le comprends, et je conclus pour vous,
que l'univers, considéré comme physique,
ne sauroit être infini. — Mais passons à l'univers comme organisé.

DIOCLÈS.

Tout ce que nous appelons organe, est
un total que nous avons ou modifié ou composé de parties, pour que ce total réponde

à un but déterminé, à une fin proposée, qui n'est pas ce total, mais son usage ou son effet. Une lime est faite pour limer; une pendule pour marquer les heures; un poëme pour plaire ou pour instruire. Ainsi, tout ce qui est l'ouvrage des hommes, ou d'un être borné, est un *moyen* pour produire un effet déterminé, et non pour produire une substance. L'homme a entrevu, dans le mécanisme des animaux et des plantes, des moyens pour produire la génération, la végétation et l'accroissement des individus : il a cru voir quelque analogie entre ces moyens et les ouvrages de sa propre industrie; et il a appelé ces moyens *organes;* ce qui pouvoit se faire en quelque façon. Mais il reste cette différence remarquable, que l'ouvrage de l'homme n'est une chose que pour tel effet déterminé; tandis que l'ouvrage de la nature est une chose pour être cette chose, pour être telle, indépendamment de ses effets. Lorsque par abstraction vous ôtez à la montre la faculté de mesurer le temps, la montre n'est plus un tout, mais un amas confus de pièces hétérogènes; tandis qu'un arbre est toujours arbre, quelque abstraction que vous fassiez des effets qu'il pour-

roit produire au-dehors. La nature produit
des substances pour être ; et l'homme ne produit que des moyens pour modifier des effets. Je remarque encore deux choses : l'une,
que là où il se manifeste une organisation,
il s'y manifeste un but, et par conséquent
une borne déterminée ; l'autre, que là où il
se manifeste un but, quelque idéal semble
devoir précéder le réel.

ARISTÉE.

Vous dites fort bien, *il semble ;* car il se
pourroit que ce que vous appelez *but*, ne
fût que la fin, la somme totale des efforts
de l'activité naturelle de telle ou telle organisation.

DIOCLÈS.

Vous avez raison, Aristée, et nous n'avons
pas encore le droit de prendre le *but* pour
l'effet d'une volonté quelconque. — Mais enfin, nous voyons clairement que toute substance qui fait partie de cet univers est finie ;
et que toute organisation mène au fini, excepté pourtant celle qui veille sur la propagation et l'éternité possible des espèces.

ARISTÉE.

Je l'avoue. Mais cette organisation même

n'est pas inaltérable. Nous pouvons la détourner de son chemin, nous pouvons la modifier de cent façons différentes; nous pouvons faire des mulets et des monstres; et il n'y a point d'absurdité à imaginer, que l'homme changeât les espèces sur la surface de la terre.

DIOCLÈS.

J'en conviens, Aristée, et je ne considère ce que nous appelons organisation dans l'univers, qu'en général, et comme un moyen par lequel se forment des substances quelconques. — J'avoue que vous pouvez détruire une semence; que vous pouvez l'empêcher de produire; que vous pouvez mêler des espèces que la nature ne paroît pas vouloir mêler; mais ce que vous ne pouvez ni altérer, ni détruire, c'est cette pente générale vers l'organisation, cette marche ferme et sûre des parties de l'univers, pour parvenir à la formation d'une substance quelconque. C'est cette marche générale, dont nous devrions chercher la cause.

ARISTÉE.

Mais vous n'ignorez pas, Dioclès, que l'activité du feu, universellement répandu dans la nature, pourroit détruire totalement cette marche organique dont vous parlez.

DIOCLÈS.

Cela étant, Aristée, nous n'avons plus besoin de chercher la démonstration que l'univers ne sauroit exister par lui-même : car existant par lui-même, comment auroit-il en lui un principe aussi cruellement destructif, et propre à le modifier d'une si horrible façon? — Dans certain cas, le feu s'agite; il empêche cette marche dont je parle; il brouille le concours des parties; il en enlève d'essentielles; il s'envole : mais dans d'autres, plus modéré, il aide à ce concours. — Mais enfin, nous sommes d'accord : je suppose que ce que nous appelons organe dans la nature, c'est le moyen par lequel elle forme des substances déterminées, et qu'organisation, dans la nature, est cette pente des parties à former des substances.

ARISTÉE.

Nous sommes parfaitement d'accord là-dessus, Dioclès. Passons à ce que vous voulez dire de l'univers en tant qu'actif.

DIOCLÈS.

Je vois dans l'univers, en tant que physique, du mouvement et du repos, de l'action et de la réaction. Les parties de l'univers matériel me paroissent faire entre elles de ces qualités un trafic, un commerce. Une partie en mouvement communique son mouvement à une autre partie en repos, et en reçoit le repos en retour. L'action et la réaction, quels qu'en soient les principes, sont égales. Ainsi, la somme de toute action dans l'univers, est égale à celle de toute réaction. L'un détruit l'autre: ce qui nous mène au plus parfait repos, et à la vraie inertie. J'en conclus premièrement, que l'univers matériel, si action et réaction tenoient également à sa nature, ne sauroit exister par lui-même; et secondement, que le mouvement ne sauroit être une qualité de la matière.

ARISTÉE.

J'avoue que je ne vous comprends pas bien.

DIOCLÈS.

Supposez qu'une partie fût douée d'un principe d'action ; aussitôt que ce principe se réalise sur quelqu'autre partie, elle trouve un principe de même valeur, directement contraire, qui le détruit: par conséquent, l'univers détruiroit à tout instant sa propre activité ; ce qui est absurde : par conséquent, l'univers, en tant que matériel, est parfaitement inerte. Cependant nous y voyons du mouvement : par conséquent, il y a un principe actif, plus puissant, et d'une autre nature que celui de réaction.

A R I S T É E.

Vous avez raison. Il faut de toute nécessité qu'il y ait une puissance étrangère, propre à vaincre cette vraie inertie.

D I O C L È S.

Sans doute. Mais il y a cependant quelque chose de plus : pour vaincre cette inertie, il ne faudroit qu'une impulsion simple sur une partie. Mais rappelez - vous, je vous prie, cette organisation. La marche ferme de la nature vers une formation de substances, demande une impulsion continuelle, une puissance, ou qui veuille et qui gouverne, ou qui, par une qualité essentielle, doive faire ce qu'elle fait.

A R I S T É E.

Je vous conçois, Dioclès ; et je pense à ce dieu du sage Thalès, dont l'univers est imbibé ; ou plutôt, vous me faites croire,

avec Anaxagore et tant d'illustres philosophes, que l'univers est un animal, et que le
dieu que nous cherchons n'est proprement
que l'ame du monde.

DIOCLÈS.

Qu'appelez-vous ame du monde ?

ARISTÉE.

Ce qui seroit à l'univers et au monde, ce
que mon ame est à mon corps; ce qui gouverneroit les parties de l'univers, comme
moi je gouverne mes membres.

DIOCLÈS.

Mon cher Aristée, il y a deux choses à
gouverner dans votre corps : l'une, c'est le
mouvement et l'activité de ses parties, en
tant qu'elles peuvent produire quelque effet
sur des choses de dehors, sur d'autres choses
qu'elles; l'autre, c'est l'activité des glandes,
la secrétion des liqueurs, la transformation
des alimens, la circulation du sang. Gouver-
nez-vous ces deux choses, ou l'une des deux
seulement?

ARISTÉE.

J'avoue que je ne gouverne qu'un peu la
première.

DIOCLÈS.

Vous voyez donc, Aristée, que vous ne tenez votre corps des mains de la nature, que pour l'usage, et comme Achille tenoit ses armes de celles des dieux. Les actions du héros n'avoient rien de commun avec l'art admirable de Vulcain [1], et vos actions n'ont rien à faire avec les principes qui ont formé les ustensiles dont vous vous servez. — Voyez d'ailleurs combien votre comparaison est peu juste. L'ame du monde gouverneroit donc les parties de l'univers, pour produire des effets au-dehors? Or, il n'y a pas de dehors. D'ailleurs, il faudroit recourir encore à cet art de Vulcain, à ces principes prolifiques, végétatifs et d'accroissement, qui forment les parties substantielles de l'univers. — Mais enfin, dites-moi, Aristée, les hommes, tels qu'ils sont, font-ils partie de l'univers ou non?

ARISTÉE.

Sans doute ils en sont des parties.

DIOCLÈS.

Or, ils ne sont pas trop d'accord dans ce

---

[1] C'étoit Vulcain lui-même, suivant Homère, qui avoit composé les belles armes d'Achille.

monde , ni probablement dans les autres.
Si donc les hommes sont à cette ame du
monde , ce que nous sont nos bras et nos
jambes, il seroit impossible de voir un symbole plus parfait de la folie, que ce dieu ou
cette ame du monde. — Or, nous voyons
tous les jours des êtres animés se poursuivre,
se haïr, se détester de toute leur activité.
Par conséquent, ces êtres n'obéissent pas à
une seule volonté générale; mais chacun de
ces êtres est isolé et libre dans la sphère de
son activité. — Mais nous verrons ailleurs
ce qu'on pourroit appeler ame du monde.
Concluons ici , qu'il y a des principes dans
la nature qui peuvent vaincre la réaction
de l'inertie , et qui doivent la vaincre continuellement: ce qui suppose un combat
soutenu entre les parties d'une chose, laquelle par conséquent ne sauroit exister par
elle-même. — Jusqu'ici, Aristée, nous n'a-
vons considéré l'univers que comme purement physique, comme organisé, et comme
capable de réaction ; et sous ces points de
vue il ne nous offre que des substances isolées , qui n'ont aucune communication , aucune liaison entre elles , si ce n'est de faire
ensemble la somme du total. Mais en envi-

sageant cet univers en tant qu'intellectuel,
la scène change ; les images des relations et
des rapports des choses se concentrent ou se
placent dans l'imagination d'un autre être;
et cet être est doué d'une faculté qu'on appelle l'intellect, qui peut mêler , comparer
et composer ces relations. Il se forme, par
ce moyen, dans cette imagination, pour
ainsi dire, un déplacement de l'univers un
autre univers imaginaire, mais possible ; et
si cet être joint encore à l'imagination et à
l'intellect ce principe libre et actif, propre
à vaincre la réaction de l'inertie physique,
il peut réaliser cet univers imaginaire, il
peut former des totaux, non d'essences,
mais de relations, à proportion des relations qu'il connoît, et à proportion de la
force et de l'étendue de son activité : et
comme nous avons trouvé dans le monde
physique, que l'action et la réaction, entre
les êtres physiques, étoient parfaitement
égales ; nous trouvons ici le principe de ce
surplus de l'action sur la réaction, qui conserve le mouvement dans l'univers. Nous
voyons donc, Aristée, l'univers divisé en
deux parties, dont l'une est parfaitement
inerte et passive, et l'autre douée de force,

d'activité et de la sensation de plusieurs relations entre les parties passives; dont l'une
est inerte, et l'autre vive et vivifiante. Nous
ne pouvons concevoir action sans direction,
et direction a une cause qui est la volonté
libre. Supposons que cette partie active de
l'univers fût une, la volonté seroit une, la
direction de l'action seroit une, et les effets
qui en résulteroient sur les parties passives
seroient uniformes. Or, il est évident que
nous voyons quantité de grands effets dans
la nature où règne une uniformité parfaite,
et qui résultent par conséquent d'une seule
direction et d'une seule volonté. Mais nous
voyons en même temps quantité de petits
effets, qui dérivent de l'activité des hommes et des animaux, ou d'être bornés, qui
s'entre-choquent et se détruisent, et qui
par conséquent ont pour causes plusieurs
directions et plusieurs volontés libres. Je
dis libres; car si elles dépendoient d'une
seule volonté suprême, elles ne sauroient
se contredire ni se détruire; elles ne seroient autre chose qu'une seule volonté,
qui ne peut pas prendre une telle direction, et dans le même temps la direction
contraire.

ARISTÉE.

Dioclès, ce raisonnement me paroîtroit admirable, s'il n'étoit pas fondé sur une supposition, ou fausse, ou trop hasardée.

DIOCLÈS.

Laquelle?

ARISTÉE.

Vous dites, que nous ne saurions concevoir action sans direction, et que direction a nécessairement, pour cause primitive, volonté. Mettez une petite boule de verre, qui contient une goutte d'eau, sur un charbon ardent; l'effet qui en résulte au moment de l'explosion, l'appelez-vous action?

DIOCLÈS.

Oui.

ARISTÉE.

Et quelle est la direction de cette action?

DIOCLÈS.

Du centre à la circonférence, à ce qu'il me semble.

ARISTÉE.

Soit. — Mais pourquoi, je vous prie, cette action a-t-elle pour cause primitive volonté?

DIOCLÈS.

Une essence ne peut pas avoir deux pro-

priétés essentielles contradictoires. La propriété essentielle, la plus incontestable dans
l'essence que nous appelons matière, est de
réagir contre toute action . Par conséquent,
il est impossible que, réactive par sa nature, elle soit active par sa nature. Par conséquent, lorsqu'elle nous paroît agir, elle
ne fait proprement qu'obéir à une chose
d'une autre nature qu'elle, et que j'appelle
cause d'action. Ainsi, Aristée, vous êtes
obligé de convenir que la cause de l'activité
de l'eau, ou de la vapeur, ou de la matière,
contenue dans votre boule, n'est pas de ce
que nous appelons matière. Or, cette cause
est appelée, par les physiciens, *élasticité* :
mot assez vague, mais qui masque notre
ignorance dans bien des cas. — Un ressort
non-tendu, et dans son état naturel, ne
sauroit être tendu que par l'action d'une
force étrangère. Le ressort réagit à proportion de la ténacité de la cohérence de ses
parties ; et la cause qui le tend, détruite, il
retourne à sa situation naturelle. Vous voyez
par-là, que ce que nous appelons élasticité
n'est qu'une seule et même chose que l'inertie, ou cette faculté de réaction ; et si vous
voulez appliquer cette vérité à votre boule,

tout ce que nous pouvons en conclure de vraisemblable, c'est que les parties qui cons- tituent l'eau dans leur état naturel , sont autrement disposées entre elles , plus dis- persées , et occupent un espace beaucoup plus grand , que celui qu'elles occupent, lorsque nous appelons leur ensemble de l'eau; et que l'action du feu dégage ses par- ties des liens qui les retiennent dans cet état forcé. Ainsi, mon cher Aristée, il nous fau- dra plutôt chercher la cause qui tend le ressort , que celle de l'activité du ressort, qui est manifeste par la réactivité de son inertie. — Vous sentez bien que cette cause prise en général , est la même qui préside à l'organisation , à la formation des sub- stances , à la direction des orbites des mon- des; la même qui contraint, qui lie les parties mortes et inertes de la matière, et les force de vivre et d'agir, par le principe même de leur propre inactivité. — Mais, Aristée, convenez-vous qu'action quelconque doive avoir une direction?

A R I S T É E.

Parfaitement. Mais pourquoi volonté se- roit-elle sa cause?

DIOCLÈS.

Y a-t-il une raison pourquoi tout ce qui est, ou tout ce qui paroît essence, mode, ou tout ce qu'il vous plaira, est et paroît tellement, et non autrement?

ARISTÉE.

Oui, certainement.

DIOCLÈS.

Une direction a donc un pourquoi, une raison. Or, ce pourquoi n'est pas dans la direction, puisque alors elle auroit été avant que d'être.

ARISTÉE.

Je l'avoue.

DIOCLÈS.

Par conséquent, il est dans l'actif, et il y a sa raison. Or, vous ne pouvez pas aller de raison en raison à l'infini, puisqu'il y a un moment fixe où l'actif dirige : ainsi, vous trouverez la première raison ou dans l'activité de l'actif, qui est sa velléité, ou dans une modification de l'actif. Mais celle-ci a son pourquoi; et de raison en raison vous parviendrez à l'activité déterminée, ou à la volonté d'un actif quelconque : et par conséquent direction a, pour cause primitive, volonté. Mais nous ne pouvons pas concevoir une activité déterminée, une volonté qui dirige, sans intellect qui prévoie, sans conscience d'être. Ajoutez-y, mon cher, cet axiome, que les effets sont proportionnés à leurs causes; et nous tirerons facilement cette conclusion, que lorsque nous voyons cette marche constante de la nature vers la formation des substances, vers la propagation des espèces, lorsque nous voyons les corps célestes, dont les mouvemens sont à la portée de nos organes, dirigés par des forces centrifuges et centripètes, obéir à des lois constantes, lorsque nous voyons ces grands effets uniformes, je dis que la cause primitive de ces effets est l'action d'une volonté intelligente, infiniment grande et infiniment puissante. Je dis infiniment, puisqu'en allant de cause en cause, nous sommes obligés d'y venir.

ARISTÉE.

J'avoue, Dioclès, que vous me surprenez.

DIOCLÈS.

J'aime mieux vous convaincre, Aristée; et pour y parvenir, continuons, et passons au moral.

DIOCLÈS.

Qu'appelez-vous proprement moral?

DIOCLÈS.

Vous avez aimé, Aristée?

ARISTÉE.

O mânes d'Antiphile, écoutez ce blas-
phême! — Si je connois l'amour! — Demandez à Apollon s'il connoît la lumière.

DIOCLÈS.

Pardonnez-moi, mon aimable Aristée. —
J'ai tort, je l'avoue. — Mais vous m'inter-
rompez. Si, en causant avec Palinure, je lui
disois : « Palinure, vous avez vu Scylla et
« Charybde, vous avez vu les vents en fu-
« reur, les vagues se confondre avec les
« nues; » — s'il me laissoit parler sans m'interrompre, je continuerois ainsi : — « Sage
« Palinure, avez-vous réfléchi avant et pen-
« dant les tempêtes? avez-vous trouvé que
« le coucher de tel astre, qu'un calme im-
« prévu, qu'un noir nuage à l'horizon quand
« la nuit tombe, annoncent ou causent les
« orages? » — C'est ainsi que je vous demande, sage Aristée, avez-vous réfléchi avant et
pendant l'effervescence de votre amour?

ARISTÉE.

Je ne sais si j'ai réfléchi, Dioclès; mais je
sais que j'ai senti, et avec fureur.

DIOCLÈS.

Cela nous suffit, mon cher. Vous n'avez qu'à répondre, et nous réfléchirons ensuite. — Mais, dites-moi, qu'est-ce que vous appelez amour, dans le sens le plus général?

ARISTÉE.

Le désir. — Tout ce que j'aime, je le désire.

DIOCLÈS.

C'est-à-dire, vous désirez de le contempler?

ARISTÉE.

De le contempler? — de le posséder, d'en être absolument le maître, de l'admirer, de l'embrasser, de l'étouffer par mes caresses, de le dévorer.

DIOCLÈS.

Continuez, je vous prie.

ARISTÉE.

Je ne le puis. Les expressions me manquent. Mais vous sentez, j'espère, ce que je ne saurois exprimer.

DIOCLÈS.

Oui, je le sens. Mais lorsque vous avez étouffé et dévoré l'objet de vos désirs, êtes-vous content, ou voudriez-vous le faire renaître?

ARISTÉE.

Assurément, je le voudrois.

DIOCLÈS.

Pour le dévorer encore, je pense. — Mais, mon cher Aristée, cela ne prouve-t-il pas que la jouissance n'a été que momentanée et imparfaite?

ARISTÉE.

Est-ce qu'il y a d'autres jouissances possibles?

DIOCLÈS.

Peut-être : et si nous pouvions parvenir, avec l'objet de nos désirs, à ce que nous ne pouvions pas exprimer tout-à-l'heure, il me semble que la jouissance seroit parfaite.

ARISTÉE.

Je le crois; je le sens. Mais savez-vous ce que c'est?

DIOCLÈS.

Pas tout-à-fait; mais je crois sentir intimément, en réfléchissant à la marche de vos désirs, que c'est une pente vers l'union parfaite. — Ne seriez-vous pas content d'être votre Antiphile?

ARISTÉE.

—Mon très-cher Dioclès, je ne puis vous

exprimer ce qui se passe en ce moment dans mon ame. — Ce que vous dites en vrai, et tellement vrai, qu'il me paroît que c'est de toutes les vérités la plus importante : c'est la même que celle de notre existence. — Mais il paroît, par ce que vous venez de dire, que la prière de Pygmalion auroit été plus sage, s'il avoit demandé à la déesse de devenir l'ivoire dont sa maîtresse étoit composée, que de la rendre vivante : il auroit été lui-même sa maîtresse sans interruption; tandis qu'avec la belle fille ses jouissances étoient passagères.

DIOCLÈS.

Il faut que je défende la sagesse de Pygmalion. En demandant d'être l'ivoire, il ne devenoit pas sa maîtresse, dont toute l'essence résidoit dans la figure; mais en priant Vénus de la faire vivre, il la rendit plus homogène à son essence. Ainsi, il nous apprend, par la sagesse de sa prière, que l'homogénéité mesure la force attractive dans toute espèce de désir.

ARISTÉE.

J'en conviens.

DIOCLÈS.

Mais, Aristée, avant que de quitter ce su-

jet, il faut que nous profitions de vos lumières. Vous êtes si expert! — Nous avons trouvé
que l'organisation dans la nature étoit la
marche ferme et constante des parties de
l'univers, vers la formation des substances.
— Sentez-vous quelque chose en vous de
cette marche, lorsque vous désirez?

ARISTÉE.

Je crois qu'il n'y a pas d'homme sur la
surface de la terre, qui ne le sente plus ou
moins dans toute espèce de désir.

DIOCLÈS.

Cela étant, Aristée, ne pourroit-on pas
croire, que cette marche est précisément la
même chose que cette pente vers une union
d'essence, que cette attraction dont nous
avons parlé?

ARISTÉE.

Oh, mon cher Dioclès, que vous êtes loin
de la vérité! C'est à présent que je sens que
je puis vous apprendre. Je m'aperçois que
j'ai réfléchi sans y penser; et je vais vous
dire tout ce que je sais. — Etant encore enfant, mon ame étoit dévorée de désirs et de
passions sans nombre, dont la violence et le
désordre m'ont dérobé la marche et le caractère. Arrivé trop jeune à Corinthe, j'y

vis ces courtisanes célèbres; et si alors vous m'eussiez fait la même question, jaurois été de votre avis. J'ai eu du plaisir à Corinthe; mais je n'y ai rien regretté : ce qui marque la pauvreté de mes jouissances. A Sicyone je logeai dans la même maison avec la jeune Philarète. Elle étoit charmante, vive, gaie; et aucune des perfections qu'elle tenoit de la nature, n'avoit pu être entamée par l'art de l'éducation. Dès que j'eus vu Philarète, le reste de l'univers n'eut plus rien d'intéressant; je le voyois à travers une gaze, excepté celles de ses parties qui avoient quelque rapport à Philarète. Lorsque je m'approchois d'elle, mon cœur me battoit, mes genoux trembloient: tantôt chaud, tantôt froid, mon sang n'avoit plus de marche assurée dans mes veines : — en son absence je faisois tout de travers, et plus mal que les autres, hors dans les cas, où mon imagination me donnoit Philarète pour témoin : en sa présence, j'étois, et je me sentois invincible : — tout ce que je faisois volontairement, n'avoit qu'elle pour fin et pour but : — ma volonté agissoit comme si elle avoit été la sienne : son bonheur, ses plaisirs, ses désirs, étoient les miens, et je n'en avois plus d'autres. — Je me rappelle que nous nous déclarâmes notre amour réciproque avec tant de confusion, de désordre et de crainte, que si nous eussions eu à confesser des forfaits. — Pendant tout ce temps d'innocence, je ne me serois jamais douté, en sa présence, de l'existence de cette marche organique dont vous parlez; tandis que mille objets bien plus hétérogènes me le manifestoient. — Enfin, un soir d'été, nous étions assis sur la verdure; nous nous entretînmes de notre amour. — Elle étoit légèrement vêtue; et nos ames, fatiguées de sentir, laissèrent à nos yeux la faculté de voir. — Ce principe organique, dont vous parlez, se mêlant pour un moment avec cette attraction qui tenoit à nos essences, pour la corrompre et la détruire, nous plongea dans le malheur. — C'est du mélange de ces deux principes, que naissent la pudeur et la honte. — Nous n'osâmes plus nous regarder. — L'innocente, la pure Philarète n'existoit plus; et moi, j'étois comme un homme qui, ayant profané des autels, croit voir des dieux vengeurs le poursuivre. — Depuis ce temps, mon cher Dioclès, j'ai appris à aimer. — Mais je ne vous raconte ici que ce qui a un rapport direct à notre sujet; et je puis bien vous assurer, que cette organisation, cette marche de la nature vers la formation des substances, n'a rien de commun avec ce principe qui mène vers une union d'essences. Ils peuvent coexister, puisque tous les deux ont le même composé pour but, savoir l'objet aimé, et puisque tous les deux paroissent suivre une marche homologue : je dis paroissent; car pour le principe organique, il y a un but, une fin fixée : il est fini par sa nature, comme vous avez bien prouvé; tandis que l'autre principe me paroît une approximation éternelle. Ils ne coexistent jamais, sans que le premier corrompe plus ou moins le second. Ils paroissent souvent coexister, par la raison qu'il y a peu d'hommes qui sachent bien les démêler, et puisque les lois ont prétendu pouvoir les clouer ensemble. Enfin, comptez, Dioclès, que dans la jouissance, le moment où le premier principe trouve sa mort et sa fin, est le même qui détruit l'éternité du second; comme le moment qui mêle un métal ignoble et fragile à l'or pur, est celui qui en détruit la ductilité merveilleuse : et ceux qui n'en conviennent pas, n'ont pas réfléchi à Corinthe, ou n'ont jamais connu l'amour.

Assurément, Aristée, vous me faites bien sentir que je puis apprendre de vous. Le tableau que vous faites de la différence des deux principes, me paroît excellent : et si je vous ai bien compris, vous envisagez cette marche organique comme l'effet d'une loi générale, d'une impulsion donnée à l'univers entier, par une seule grande activité déterminée, par une seule grande volonté; tandis que vous envisagez l'amour ou le désir comme l'effet d'une loi qui résulte de la nature de chaque individu doué d'intellect et de liberté. — Vous me faites remarquer, que dans les animaux cette marche de la nature n'a pas tel ou tel individu pour but; mais que le sexe en général se mêle avec le sexe en général; et qu'elle ne se manifeste, comme mélange d'individu avec individu, que par accident; puisque la fin de toute organisation est une substance déterminée, un individu déterminé et fini. Dans l'homme ce seroit la même chose, si on lui ôtoit ces facultés de son ame, qui attirent, non son corps, mais son essence vers une autre essence. Chez l'homme la propagation de l'espèce auroit pu se faire exactement de la même façon, sans qu'il se fût jamais douté

que cet acte pût avoir rien de commun avec
le moral, ou avec le principe attractif métaphysique. Mais ce sont les lois qui ont
considéré un individu comme possession
d'un autre individu, qui ont ordonné que
les deux principes marcheroient ensemble:
ce qui n'est pas moins absurde, que si elles
eussent ordonné à la force centrifuge et à
la gravité, de prendre la même direction.
Le mélange de ces deux principes hétérogènes ensemble, devoit produire un monstre, et ce monstre, c'est la honte et la pudeur, comme vous l'avez très-bien remarqué.
Il s'est mêlé ensuite avec d'autres principes,
et a produit des biens et des maux dont
l'homme n'avoit aucun besoin.

ARISTÉE.

Vous avez parfaitement compris mon idée,
Dioclès. Mais je vous prie de continuer:
nous sommes en si bon chemin.

DIOCLÈS.

Vous m'avez demandé ce que j'appelle
proprement moral. Les lumières que vous
venez de me donner, facilitent beaucoup
ma réponse. — Ce principe que vous sentez
si bien, mon cher Aristée, cet amour, cette

pente vers une union d'essence avec des
êtres ou des choses quelconques, est une faculté qui lie en quelque façon les êtres ensemble, et qui agit en raison de l'homogénéité. Les lois qui dérivent de la nature de
ce principe, ou de cette faculté, constituent
le moral. L'individu est susceptible de vertus et de vices, à proportion de la perfection ou de l'imperfection de cette faculté
en lui. Comme l'imagination, qui reçoit les
idées et les images des relations entre les
écorces de certaines choses, est parfaite à
proportion du nombre, de la clarté, et de
la ténacité de ces images, ce principe attractif approche de la perfection, en raison du
nombre, de la vivacité, et de la ténacité des
sensations qu'il a des relations entre les essences de certaines choses. L'être libre et
actif travaille dans cette imagination à comparer, composer et décomposer ces images,
d'où naissent les sciences et les arts. Ainsi
l'être libre et actif compare, compose et décompose ces sensations, d'où naissent les actions morales. — C'est jusque-là, mon cher
Aristée, qu'on peut pousser le parallèle entre l'intellectuel et le moral. Vous dépeindre
leurs différences, seroit ici hors de propos.

Mais faisons pourtant cette réflexion, que les images et les idées, que l'imagination nous présente, sont déterminées, circonscrites, divisibles, et hors de notre essence; tandis que les sensations morales s'identifient avec elle, et n'ont d'autres bornes que les siennes.

ARISTÉE.

Je vous prie, Dioclès, d'éclaircir cette idée.

DIOCLÈS.

Lorsque j'ai l'idée ou l'image d'un objet visible, tangible ou sonore, je puis me figurer la moitié de sa grandeur, de son intensité, ou de son énergie; je puis les doubler, les tripler, les augmenter, les diminuer à ma fantaisie; mais affecté d'amour, de haine ou de colère, je ne saurois concevoir la moitié ou le double de cette colère, de cette haine ou de cet amour. Ces affections ne sont pas susceptibles de plus ou de moins, dans un même individu. Leur intensité est bien proportionnée à l'objet qui affecte, et à la sensibilité de l'individu affecté; mais toute notre essence en est imbibée. Je veux croire que l'essence d'Aristée est plus vivement pénétrée d'une sensation morale, que celle d'un

Troglodyte [1], mais vos deux essences en seroient également saturées, à proportion de
la quantité et de la finesse de votre sensibilité. — C'est ce principe moral par lequel un
individu s'identifie en quelque façon avec
une autre essence, par lequel il sent ce qu'elle
sent, et qu'il sait se contempler soi-même,
pour ainsi dire, du centre d'un autre individu [2]: et c'est de là que naissent les sensa-

[1] Diodore de Sicile, et surtout Agatharchides, dans
le beau fragment que Photius nous a conservé, nous
donnent quelque lumière sur ce passage. Ils disent,
en parlant des Troglodytes et des Ichthyophages, qu'ils
n'avoient aucune sensation du mal d'autrui ; et ils
ajoutent d'autres choses encore, qui marquent bien
que ces peuples étoient presque destitués de tout sens
moral, et approchoient extrêmement des brutes.

[2] Il paroît par tout le raisonnement de Dioclès,
qu'il attribue à l'ame quatre facultés distinctes : savoir, l'imagination, qui n'est que le réceptacle de
toutes les idées ; l'intellect, qui compare, compose
et décompose ces idées ; la velléité, ou la faculté de
pouvoir vouloir et agir ; et enfin le principe moral,
qui est tantôt sensible et passif, et tantôt actif. Par ce
principe l'ame est attirée vers une autre essence quelconque, et s'y attache ; elle sent les biens et les maux
de cet autre, presque aussi vivement qu'elle sent ses
jouissances ou souffrances ; et alors ce principe ne paroît que passif : mais lorsque identifiée pour ainsi dire,

tions de commisération, de justice, de devoir, de vertus, de vices, et enfin toutes les qualités qui distinguent l'homme de l'animal, et par lequel il tient au principe législatif de l'univers. C'est par ce principe qu'un individu devient son propre juge; il se juge comme un autre le jugeroit: et c'est dans cette école qu'il apprend à rougir, qu'il apprend à se perfectionner et à se rendre heureux. Car quelle idée se faire du vrai bonheur, Aristée, si ce n'est l'état d'un être qui, par cette

avec un autre individu, l'ame réfléchit sur elle-même, ce principe devient actif; l'ame juge de ses propres rapports avec cet individu, et de ses propres actions vis-à-vis de cet individu; elle se voit elle-même, pour ainsi dire, par dehors, et elle se juge comme l'autre la jugeroit: et delà naît ce qu'on appelle conscience, repentir, et ce plaisir que donne le sentiment intime d'avoir fait une bonne action. Identifiée avec l'autre, le bien qu'elle lui fait, c'est un bien qu'elle se fait proprement à elle-même; elle jouit de ses propres bienfaits; et il s'ensuit, que si la sensibilité, ou la passivité du principe moral étoit toujours accompagnée d'une activité proportionnée, il ne sauroit y avoir ce qu'on appelle cruauté et injustice, l'homme feroit du bien à un autre, puisqu'il se fait l'autre: il fait le bien pour se faire du bien. Il faut avouer que ce raisonnement de Dioclès établit bien le précepte : *Aime ton prochain comme toi-même.*

faculté, se regardant du centre de toute essence qui l'environne, se voit toujours également beau et parfait; d'un être qui est toujours dans les autres, pour jouir du brillant spectacle et de l'énergie de sa propre perfection, et qui est toujours dans lui-même, pour se la conserver? — Si notre intelligence bornée est accompagnée d'un tel principe, d'un tel germe de bonheur, pourriez-vous croire, Aristée, que l'intelligence infiniment grande, et infiniment puissante, que nous avons trouvée, puisse en être destituée? — Comprenez-vous maintenant ce que j'entends par moral?

ARISTÉE.

Si sentir est comprendre, je l'ai parfaitement compris.

DIOCLÈS.

La conviction du sentiment vaut bien celle de l'intellect, mon cher Aristée. — Mais examinons encore les lois qui paroissent gouverner les différentes parties de l'univers que nous connoissons. Il y en a de deux espèces: l'une contient celles qui dérivent de la nature même des essences; l'autre celles qui sont imposées de dehors. — Dans toutes les parties physiques ou matérielles de l'univers, nous voyons une attraction mutuelle et ré-

ciproque. Dans le physique, nous avons vû
que la réactivité, ou l'inertie parfaite, est un
attribut essentiel de la matière. Cette inertie, ou cette réactivité, n'est proprement
dans une chose que la force avec laquelle
elle est ce qu'elle est; puisqu'elle n'est réactive que par cette force, et à proportion de
cette force. L'action primitive, qui a le pouvoir de vaincre cette inertie, et qui met les
corps en mouvement, n'est donc pas physique, ou corporelle, mais d'une autre nature
que la matière. Supposons cette action primitive détruite, l'univers sera un, par l'attraction mutuelle de ses parties; et les forces
d'être, ou les inerties de toutes les parties,
formeront ensemble une seule force d'être,
une seule inertie, savoir, celle de l'univers
entier. Par conséquent, c'est cette action primitive qui empêche l'univers d'être un; c'est
cette action, cette énergie, cette cause primitive de mouvement quelconque, qui met
toutes les parties de l'univers dans un état
forcé, dans l'état d'un ressort tendu, qui devient, par sa tension forcée, cause seconde
et propagatrice d'action et de mouvement.
Nous voyons par-là, que l'état naturel de
l'univers est d'être un; que l'attraction n'est

encore que le retour des parties de l'univers
à leur état naturel; qu'elle n'est autre chose
que la force d'être, ou l'inertie de l'univers
entier, et que cette inertie de l'univers tient
intimement à son essence, étant non-seulement un attribut essentiel de chacune de ses
parties, mais aussi de toute sa masse en bloc;
enfin, que l'inertie est la seule loi intrinsèque
de l'univers physique, laquelle dérive directement de sa nature. Or, sans considérer nos
démonstrations tirées du fini, et des bornes
de l'univers, je demande, si l'on pourroit se
figurer un être, dont la nature seroit plus
diamétralement opposée à celle d'un être
qui existeroit par essence, que cet univers
matériel, ce symbole parfait de passivité,
dont les modifications vagabondes dépendent absolument de principes d'une autre
nature, enfin cet univers, qui, bien loin
d'être sa propre cause primitive, ne sauroit
être cause primitive de rien. — Mais examinons les lois qui concernent les parties actives de l'univers. Lorsque nous réfléchissons
sur le moment où notre volonté devient active, ou applique son activité sur la matière,
pour produire quelque effet, ou quelque
changement ou mouvement, quelque atten-

tion que nous y mettions, nous ne saurions nous apercevoir de la transformation de notre volonté active en effet. — Si nous prenons l'exemple le plus simple, savoir, le cas où nous mettons notre propre corps dans un mouvement très-rapide, nous remarquons distinctement que, pour faire cesser ou ralentir ce mouvement, une volonté active contraire à la précédente ne suffit pas, mais que nous devons chercher des obstacles à ce mouvement dans les choses de dehors : d'où il est évident que l'activité, ou l'action, ou la volonté agissante, une fois appliquée à une chose hors d'elle, dure, et ne périt que par des obstacles dont les actions et les réactions sont plus fortes que l'intensité de cette première action appliquée. — De plus, le mouvement qui résulte d'une action, ou d'une volonté active, est également proportionné, et à l'intensité de cette action, et à la force d'être, ou à l'inertie, ou à la quantité inerte de la chose qui est mise en mouvement. Mais comme l'intensité de l'action, au moment de la première impulsion, est déterminée, et que la quantité de la force d'être, ou de l'inertie de cette chose en mouvement, est déterminée de même, il s'ensuit

que le mouvement est déterminé, et par
conséquent uniforme, et ainsi éternel par sa
nature, c'est-à-dire, uniquement destructi-
ble par des obstacles, dont l'intensité est plus
forte que la sienne. C'est par-là que nous
voyons la continuité éternelle d'action, ou
d'effet d'activité, d'où résulte le mouvement.

ARISTÉE.

Je vous prie, mon cher Dioclès, de vouloir me répéter ce que vous venez de dire
sur le mouvement; sans quoi je ne saurois
vous suivre.

DIOCLÈS.

Je dis que le mouvement est proportionné
à l'intensité du principe actif qui le produit, et à l'inertie ou à la quantité inerte
du corps mis en mouvement. Cette intensité
du principe actif, et cette quantité inerte
du corps qui va être mu, sont déterminées.
Par conséquent, le mouvement est déterminé. Mais le mouvement est déterminé
dans un moment, comme il l'est dans tout
moment. Par conséquent, il est uniforme
par sa nature, et ainsi éternel par sa nature;
et il s'ensuit encore que, comme les effets
sont proportionnés à leurs causes, tout pre-

mier principe de mouvement est éternel par sa nature.

ARISTÉE.

Je l'avoue. Mais si je suppose l'intensité du principe actif nulle, le mouvement devient nul, c'est-à-dire, devient repos; et ainsi le même raisonnement que vous venez de faire sur le mouvement, aura lieu pour le repos.

DIOCLÈS.

Cela est très-vrai, Aristée; et tout ce que j'ai à dire là-dessus, c'est qu'il est étonnant que les hommes voyant si distinctement, par un raisonnement beaucoup plus simple, l'éternité du repos, ils n'en aient pas conclu directement celle du mouvement, et par conséquent celle du principe actif, qui est sa cause. — Mais poursuivons. Si nous examinons à présent ces deux principes, les seuls universels que nous connoissions dans la nature, l'activité et l'inertie, nous voyons que le premier peut bien mener le second à l'organisation, et à la formation des substances déterminées; mais ni l'un ni l'autre de ces principes ne nous offrent une puissance productrice qui crée. Dans le second, la chose est manifeste par elle-même; et dans le premier, nous ne voyons qu'une puissance qui modifie des relations entre des choses qui sont, qui existent. D'ailleurs, nous n'avons qu'à rentrer en nous-mêmes, pour sentir que nous n'existons pas par essence, et que nous ne sommes pas la cause de notre existence. — Cela prouve évidemment, Aristée, que les deux principes tiennent leur existence et leur origine d'ailleurs. — Pour ce qui est du second, je crois que vous en demeurez d'accord, et que vous n'avez plus de difficulté à faire?

ARISTÉE.

Aucune, mon cher Dioclès. Mais vous paroissiez vouloir dire quelque chose au sujet de l'activité. Je vous supplie, songez qu'il ne faut rien laisser en arrière.

DIOCLÈS.

Activité, dans un être, c'est la faculté de pouvoir agir sur des choses qui se trouvent à sa portée. Cette activité, cette énergie, ce principe de force, a toutes les directions possibles; et c'est en quoi consiste sa liberté : c'est une force vague, qui constitue la velléité, ou la faculté de pouvoir vouloir.

Si nous considérons cette faculté dans un être insensé, dans Penthée, dans Ajax en fureur, nous la voyons pure et indéterminée; et si les corps d'Ajax et de Penthée ne les obligeoient pas à mille actions, contradictoires à la vérité, mais pourtant déterminées en apparence, nous verrions Ajax et Penthée sans mouvement, exhaler leur force et leur énergie, comme un aromate exhale son odeur dans toutes les directions. Si nous contemplons cette faculté dans le prudent et sage Ulysse, elle est toute déterminée: toute son énergie est concentrée et dirigée vers un seul but, et elle est toute volonté. Nous voyons par-là, que l'être actif est nécessairement doué d'intellect, pour changer cette velléité vague, ou cette faculté de pouvoir vouloir, en volonté déterminée. L'intellect, et l'imagination qui lui appartient, détruits, il veut et agit sans effet, faute de point d'appui et de but. L'activité ou la velléité intellectuelle seule ne sauroit avoir pour but que la conservation exclusive de l'individu; ce qui fournit un très-petit nombre de volontés ou de déterminations d'activité; mais lorsque l'être actif est doué du principe moral, qui le transporte, pour ainsi dire, dans d'autres êtres, et le fait sentir, souffrir et jouir pour eux, cette activité acquiert un ton de noblesse et de grandeur, proportionné à l'étendue et à la délicatesse du principe moral dans cet être. Enfin, de quelque côté qu'on examine ce qu'on appelle activité, action primitive, cause pure de mouvement, ce principe pourra s'appeler l'ame du monde, mais ne sauroit s'élever qu'à la faculté de modifier ce qui est, à une faculté législative si l'on veut, mais jamais à la puissance créatrice. Cette puissance est un principe infiniment au-dessus de notre intellect, mais dont l'existence est tout aussi indubitable que celle de l'univers entier ; puisque, sans l'existence de cette puissance, celle de l'univers entier seroit absurde. Voilà le Dieu qui a créé l'univers, qui lui a donné une impulsion éternelle pour former des substances sans cesse et sans fin, qui l'a peuplé d'êtres libres, dont l'activité trouve des bornes, non dans sa nature, mais dans l'activité ou la réactivité de ce qui l'environne, dont l'essence est de nature éternelle, puisque le mouvement qui dérive de son activité est éternel, et enfin, dont la manière d'être est susceptible de bonheur.

ARISTÉE.

Mais aussi de malheur, mon cher Dioclès! — Quoi qu'il en soit, vous m'avez parfaitement convaincu de l'existence nécessaire d'un Être Suprême, qui a tout créé.
Mais voici des difficultés qui me restent. La
seule relation sous laquelle nous connoissons cet Etre c'est qu'il a tout créé : or, si
je vous ai bien compris, le principe créateur est d'un ordre infiniment au-dessus de
celui du principe d'activité; il est infiniment
au-dessus de notre intellect. Ainsi, quelle
idée, mon cher Dioclès, me ferai-je du Dieu.
Je ne puis le comparer à rien. — Si je me
suppose des relations avec lui, il faut qu'il
y ait quelque analogié entre lui et moi. Je
ne la trouve pas dans ma figure, dans mes
forces, dans mon intellect : et si je la cherche dans la partie la plus belle de mon essence, comment pourrois-je lui attribuer
de la bonté, de la justice, et toutes ces
qualités qui décorent les foibles mortels,
et qui dérivent uniquement de leur manière d'être, non comme une propriété du
cercle dérive de sa nature, mais comme le
feuillage épais d'un chêne vigoureux dérive
du sol qui le nourrit.

DIOCLÈS.

Le germe du chêne, Aristée, renfermoit dans son sein cette riche verdure ; et le terrein fertile a favorisé ses développemens. — Si le grand Aristide n'avoit jamais eu l'occasion de faire paroître sa justice, l'auriez-vous cru injuste ?

ARISTÉE.

Je ne l'aurois cru ni juste ni injuste.

DIOCLÈS.

Mais sachant maintenant qu'il étoit juste, vous convenez sans doute qu'Aristide avoit en lui tout ce qu'il falloit pour être juste ?

ARISTÉE.

Oui.

DIOCLÈS.

Par conséquent, il auroit eu ce qu'il faut pour être juste, quoique les occasions eussent pu lui manquer pour le paroître.

ARISTÉE.

Je l'avoue.

DIOCLÈS.

Par conséquent, la justice d'Aristide tenoit à son essence comme la propriété du cercle tient à la nature du cercle : et il en est de même de toutes les vertus.

ARISTÉE.

Et la cruauté de Phalaris tenoit-elle aussi à son essence ?

DIOCLÈS.

Oui, mon cher. Mais je sens ce que vous voulez dire. — Pour comparer Aristide et Phalaris, il ne faut pas comparer les bonnes actions du premier avec les mauvaises de l'autre : ces deux espèces d'actions sont des contraires par leurs effets ; les unes ont produit du bien, les autres du mal : mais il n'en faut pas conclure qu'Aristide et Phalaris sont des contraires. Ils diffèrent en degré de perfection. Il manque à Phalaris la partie qui fait la beauté d'Aristide. Et croyez-vous que si Phalaris avoit eu la faculté de se contempler du sein du malheureux qui mugissoit dans son taureau, Phalaris eût été assez insensé pour être cruel ?

ARISTÉE.

Vous avez raison, mon cher Dioclès ; mais vous ne répondez pas à l'essentiel de ma question. Je vous demande quelle est la nature de la divinité que je ne saurois comparer à aucune chose que je connois ? Par quel moyen concevrai-je mes relations avec un être dont

je ne sais rien que l'existence ? Et que pour-
rai-je attendre d'une toute-puissance également auteur du mal et du bien, et qui paroît les avoir attachés indifféremment à la
nature des êtres ?

DIOCLÈS.

Pour répondre à votre question, il faudroit commencer par la recherche de ce que
paroît et de ce qu'est le bien et le mal, le
bonheur et le malheur, le bon et le mauvais.
— Dites-moi, Aristée, ce bel arbre que voilà,
ce pin superbe, est-il bon ou mauvais ?

ARISTÉE.

Assurément il est bon.

DIOCLÈS.

Pourquoi ?

ARISTÉE.

Pourquoi ? — On en tire des huiles, et
des sels précieux ; et je ne sais de combien de
maux Eryximaque le médecin ne m'a pas dit
qu'il guérit. — D'ailleurs, il sert à couronner
les vainqueurs dans les jeux de l'Isthme.

DIOCLÈS.

Par conséquent, il est bon pour les ma-
lades, et pour ceux qui combattent en l'honneur de Neptune. Mais est-il bon ou mauvais
en lui-même ?

ARISTÉE.

Il est, il existe ; et voilà tout. Il ne sauroit être ni bon ni mauvais en lui-même.

DIOCLÈS.

C'est ainsi que je le conçois ; et il s'ensuit que les choses ne sont bonnes ou mauvaises que par rapport à d'autres choses, et qu'il n'y a du bien ou du mal que pour les êtres qui jouissent de la conscience d'être, et qui sont susceptibles de sensations.

ARISTÉE.

Cela est certain.

DIOCLÈS.

Ainsi, le bien et le mal ne dérivent pas de choses qui sont ou bonnes ou mauvaises en elles-mêmes; mais nous appelons ces choses bonnes ou mauvaises, suivant le bien ou le mal qui en résulte pour des êtres qui sentent. Par conséquent, le mal n'est qu'un effet relatif à celui qui en est affecté; et il est produit par une cause quelconque, qui ne sauroit être mauvaise en elle-même. Les volcans, les déluges, les pestes, ne sont des fléaux que par rapport à leurs effets sur des êtres sensibles. L'homme cruel ou vicieux n'est mauvais que par ses actions relativement à d'autres êtres; et il n'est, par lui-même, que d'une classe inférieure.

ARISTÉE.

Sur ce pied-là, Dioclès, l'homme cruel ou vicieux ne seroit ni reprochable ni à plaindre.

DIOCLÈS.

L'homme, Aristée, est doué, plus ou moins, du principe moral, d'intellect et de volonté. La richessse de ces facultés, il les doit à la nature; mais leur harmonie, il les doit à ses travaux. Peu doivent l'une et l'autre à la source de toutes choses. Si l'homme manque de quelqu'une de ces facultés, s'il les a pauvres et foibles, s'il ne sent pas leur dissonnance, s'il ne sait pas sentir l'effet de ses actions sur les autres, il est vrai que la loi le juge et le condamne sur cet effet, pour l'utilité de la société; mais, dans le fond, il n'est ni reprochable ni à plaindre. Comparé à d'autres, il est plus ou moins parfait; mais il est ce qu'il est. Supposons ses facultés tellement petites, qu'il ne fît que végéter, qu'il approchât de la nature de cet arbuste, qui est là à vos côtés: — trouvez-vous cet arbuste reprochable ou à plaindre ?

ARISTÉE.

Non, sans doute. — Mais avant que vous
alliez plus loin, permettez que je fasse ici une
réflexion. Vous avez dit, que la justice d'Aristide et la cruauté de Phalaris tenoient à leurs
essences : vous dites que l'homme qui manque plus ou moins d'intellect, de principe
moral, ou de force de vouloir, ou d'activité,
constitue l'homme ou plus ou moins vicieux :
ainsi le vice, et le mal qui en dérive, est de
l'essence d'un être qui tient son essence d'ailleurs. Cela étant, il n'y a rien de plus injuste
que l'aréopage : et je vous supplie, mon cher,
dites-moi quels sont donc les hommes repro-
chables ou punissables?

DIOCLÈS.

La plus belle propriété de l'homme, Aristée, est celle de pouvoir se corriger et se perfectionner lui-même, autant que la richesse
de sa composition peut le lui permettre. Il
reçoit ses facultés de la nature; et il peut modifier ses actions, c'est-à-dire, les causes du
bien ou du mal, à son plus grand avantage,
et à celui des autres. S'il produit le plus grand
bien possible pour les autres, et l'harmonie
et le repos en lui-même, il a toute la perfec-

tion dont son être est susceptible : s'il se néglige tellement, que le mal résulte de ses
actions au-dehors, et la discordance de ses
propres facultés au-dedans, il est imparfait,
il se dégrade, il se met lui-même volontairement dans la classe de l'arbuste. Voilà deux
espèces d'imperfections : l'une qui dérive de
la pauvreté de l'essence, l'autre du mauvais
emploi de la richesse de ses facultés. Juger
laquelle de ces deux imperfections est cause
d'une action déterminée, d'où résulte le mal,
c'est une faculté que Cécrops n'a pas su donner à son aréopage. D'ailleurs, l'aréopage
juge, non du degré de perfection, de vertu
ou de vice ; son emploi est moins pénible :
il juge du crime ; et il est plus facile de prouver à un Athénien, que son action est contradictoire à la volonté écrite de Solon, que
de lui prouver de quelles imperfections, dans
son composé, dérive l'action qu'il vient de
commettre.

A R I S T É E.

Je vous prie, mon ami, de m'éclaircir davantage ce sujet important. De ce que vous
venez de dire, il me paroît suivre, que Phalaris auroit pu se rendre meilleur, et qu'Aristide auroit pu se rendre méchant, et que, par

conséquent, la justice de l'un et la cruauté de l'autre ne tiennent pas à leurs essences.

DIOCLÈS.

Mon cher Aristée, nous sommes juges iniques, et très-incompétens, les uns des autres. Chacun de nous sait, ou peut savoir, quelle est la force de son activité, la force de sa faculté de pouvoir vouloir, de déterminer sa velléité vague, et de la réduire en volonté; il peut savoir quelle est la vivacité et la délicatesse de son sentiment moral, quelle est la richesse de son imagination, quelle est l'agilité de son intellect: chacun de nous sait, ou peut savoir, quelle est en lui la proportion de ces facultés entr'elles, quel est le degré de leur harmonie, ou de leur dissonnance: chacun de nous sait, si dans une action quelconque il a donné trop à la beauté de son imagination, à la véhémence de sa volonté, au compas de sa raison, ou à la délicatesse et à la vivacité de sa sensibilité morale; et il s'ensuit, que l'homme, s'il veut ou s'il ose entrer en lui-même, pour faire la revue de ses facultés, est seul son propre juge équitable et compétent; si ce n'est encore ce Dieu, que nous avons trouvé, en cas qu'il daigne se mêler des affaires des hommes. —

Mais supposons, Aristée, que je vous racontasse une action basse et lâche du vaillant fils de Tydée, une action folle ou extravagante du sage Ulysse, une autre grande et belle du vil Thersite; m'en croiriez-vous? non sans doute; et vous me diriez que la générosité et la franchise sont de l'essence de Diomède, que la prudence et la sagesse sont de l'essence du fils de Laërte, et la bassesse de celle de Thersite. Vous jugerez Diomède, Ulysse et Thersite, sur ce qu'ils étoient lorsque chacun d'eux étoit déjà formé, lorsque leurs facultés, s'étant déjà mêlées, avoient composé un total de chacun d'entr'eux : et c'est alors qu'ils sont devenus cercles, et que leurs vices et leurs vertus en ont constitué les propriétés. Mais lorsqu'on nous demande si Diomède, Ulysse ou Thersite, doivent chacun la perfection ou l'imperfection de leur composé à la richesse, la pauvreté ou l'heureuse proportion de leurs facultés, ou bien à leurs propres travaux, nous serions hors d'état d'y répondre. Ce qui est certain, c'est qu'Ulysse et Diomède sont des êtres d'une autre classe que le pauvre Thersite. — Mais voyons à présent ce que c'est que le mal. Il consiste dans une manière d'être, ou dans des relations avec d'autres choses, ou d'autres êtres, contraires à la volonté; et il faut en chercher la cause dans des actions quelconques de dehors, qui affectent la liberté, ou contraignent à une manière d'être contraire à la volonté: d'où il suit, que le mal consiste dans des obstacles quelconques à la volonté. Nous avons vu que la velléité, ou la faculté de pouvoir vouloir, la faculté de pouvoir diriger l'activité, agit naturellement dans toutes les directions. L'intellect et l'imagination lui offrent des idées déterminées de choses quelconques de dehors, ou des sensations déterminées quelconques, c'est-à-dire, des buts et des fins, pour des directions déterminées de la velléité, ou pour la volonté, des objets à comparer et à choisir. S'il n'y avoit pas de comparaison à faire, s'il n'y avoit pas de choix possible, il n'y auroit ni ce qu'on appelle bien, ni ce qu'on appelle mal, faute de direction déterminée de la velléité, c'est-à-dire, faute de volonté. Or, aussitôt qu'il y a des êtres intellectuels, libres et actifs, de différens degrés de perfection ou de richesse, aussitôt qu'il y a des objets de comparaison et de choix; il y a conflit de volontés, et par conséquent obstacles

quelconques aux volontés; il y a gradation
dans ces obstacles, et par conséquent gradation dans ce que nous appelons bien ou
mal. Dans l'Etre suprême, où toute la masse
de la velléité, ou de la faculté de pouvoir
vouloir, est volonté déterminée, il n'y a
point de choix, ni par conséquent de gradation, ni ce que nous appelons bien ou
mal. — Ainsi la gradation dans le bien, ou
dans le mal, tient à la nature de l'être libre
et actif borné, comme la propriété du cercle
tient à la nature du cercle. Le cercle, sans
cette propriété, est absurde; et l'être libre
et actif borné, sans gradation dans le bien
ou le mal, est absurde. Lorsqu'on dit folle-
ment que la puissance suprême ne sauroit
faire un triangle sans telle propriété, on ne
dit autre chose, sinon, que la puissance suprême ne sauroit faire un triangle et ne pas
faire un triangle dans le même temps; car
la propriété est la même chose que le triangle : et de même, la puissance suprême ne
sauroit créer des êtres libres et actifs sans
cette gradation dans le bien, puisque l'un
suppose nécessairement l'autre. — Dire qu'il
vaudroit mieux qu'il n'y eût point d'êtres libres, puisque la gradation du bien tient à

leur essence, c'est dire, qu'il vaudroit mieux qu'il n'y eût point de triangle, puisqu'il a telle ou telle propriété. Ainsi, ce qu'on appelle mal dans l'univers, tient essentiellement à ce qui en fait le bien et la vie; ou plutôt c'est une et la même chose. Pour ce qui est de la douleur corporelle, elle consiste également dans une modification contraire à la volonté. Mais il faut remarquer ici, que l'intensité de cette douleur doit être nécesssairement proportionnée à la sensibilité de l'individu : or, cette sensibilité est proportionnée à la richesse, ou à la pauvreté de l'essence ou des facultés de l'individu; ainsi l'intensité de la douleur est proportionnée à cette richesse, ou à cette pauvreté ; et par conséquent il semble, mon cher Aristée, que nous avons mal jugé tantôt des souffrances de ce pauvre ver de terre, parce que nous lui avons supposé tacitement toute la richesse de notre composé : nous avons considéré ce qu'il auroit souffert à notre place, et possédant la quantité et la finesse de nos facultés; et nous avons perdu de vue ces armes redoutables que nous trouvons dans le moral, pour combattre ou pour vaincre cette douleur corporelle. Croyez-vous qu'Othryade, ce Spartiate, seul vainqueur des Argiens, le corps déchiré de blessures, et composant encore de ses débiles mains une espèce de trophée des débris qu'il trouve autour de lui, croyez-vous qu'il s'occupe de sa douleur corporelle, tandis qu'il écrit avec son sang le mot *victoire* sur son bouclier?

ARISTÉE.

J'aime, Dioclès, votre grande façon de contempler les choses. J'avoue qu'en considérant le total, ou l'ensemble des êtres libres et actifs de dehors, vous déchargez parfaitement l'intelligence suprême du mal que les hommes lui attribuent. Mais descendez pour un moment à terre, je vous en prie, et regardez Socrate buvant la ciguë dans le séjour des vices et des crimes. Cette scène n'est-elle pas un mal dans l'univers.

DIOCLÈS.

L'exemple est mal choisi, mon cher Aristée. Socrate nous apprend assez qu'il n'étoit pas donné aux petites volontés des hommes, de lutter contre les forces d'une ame comme la sienne : il nous apprend assez, qu'Anytus, ni Mélitus, ni ses juges, ne pouvoient jamais atteindre à la hauteur d'où il les regardoit,

comme vous regarderiez de petits insectes
creuser votre épiderme pour se nourrir de
votre sang, et dont les pénibles travaux vous
amusent. Il n'y a là ni lutte ni combat. —
Nous avons vu que ce qui constitue le mal,
sont des obstacles contre la velléité déterminée, contre la volonté. Si la volonté libre
de Socrate avoit été dirigée vers la mollesse,
la luxure, les rangs ou les honneurs, il est
indubitable qu'Anytus et Mélitus, en agissant en directions contraires, auroient fait
naître les obstacles qui constituent le mal. —
Rhadamante a donné à Tantale le désir de
boire; et c'est en quoi consistent ses tourmens : si vous pouviez lui ôter ce désir, Tantale seroit heureux. — Posons qu'en pleine
mer vous dirigiez votre vaisseau vers quelque débris de naufrage qui flotte au gré des
ondes; chaque onde vous fait changer de
direction ; chaque onde est un obstacle qui
tâche de vous enlever le fugitif objet de vos
peines : mais lorsque vous dressez la route
vers Phthie [1] la fertile, que chaque vague

---

[1] Phthie, ville et contrée de la Thessalie, faisoit la
meilleure partie du royaume de Pélée, père d'Achille.
L'auteur fait ici allusion à un passage du Criton de
Platon, dans lequel Socrate raconte, qu'une très-belle

rompue ralentisse un peu votre course, elle ne sauroit vous empêcher d'arriver à bon port. — Vous voyez par-là, Aristée, que lorsque la volonté libre se dirige vers des objets fixes, lorsqu'elle se met hors du chemin fréquenté par les événemens du monde, et par les passions actives des hommes, elle n'a pas d'obstacles, ni par conséquent de mal à craindre; et si vous voulez prendre la peine d'appliquer cette réflexion à tous les désastres tant célébrés de la maison de Pélops, vous trouverez que c'est dans les directions des volontés libres des Pélopides, que résida la source de leurs maux.

ARISTÉE.

Je conviens, Dioclès, que le mal ne sauroit approcher de Socrate. Je vous accorde, si vous le voulez, que les Pélopides ont été les causes de leurs malheurs. Je conviens même que l'homme sage et fort peut prévenir le mal, et, s'il arrive imprévu, qu'il pourra le vaincre, et se sentir meilleur par sa victoire. — Mais est-ce ainsi que vous console-

femme lui étoit apparue en songe, et lui avoit dit : « Dans trois jours tu seras à la fertile Phthie ». Ὦ Σώκρατες, Ἤματί κεν τριτάτῳ Φθίην ἐρίβωλον ἵκοιο.

riez la vieille Hécube, mère de qui l'époux
et tant d'enfans ont péri par le fer, reine
privée de sa couronne, de la nourriture,
trahie par de faux amis, réduite à l'esclavage,
méprisée et foulée aux pieds par son vainqueur ? — Consoleriez-vous ainsi l'aveugle
OEdipe, inceste, parricide et vertueux ?
l'honnête esclave gémissant sous les coups de
son maître cruel? le pauvre qui meurt, dans
les douleurs, de faim, de honte et de misère ?
— Voilà des maux : et supposons que la
philosophie pût nous apprendre à les sup-
porter, l'apprendra-t-elle à tout individu ?
— Et si Hécube, OEdipe, l'esclave et le pauvre, étoient là à terre devant vos pieds,
vous criant : « Dioclès, notre existence est-
« elle un bien pour nous ? » que répondriez-
vous ? — Je crains qu'avec Talthybius [1], si
vous ne doutiez pas de l'existence de Jupiter,
vous douteriez du moins qu'il se mêle des
affaires des hommes.

DIOCLÈS.

Croyez-vous les ames immortelles ?

[1] Dans la tragédie d'Hécube, d'Euripide, Talthybius doute de l'existence des dieux, en voyant cette
malheureuse reine couchée par terre sans sentiment,
et presque sans vie.

ARISTÉE.

Vous m'en avez convaincu, en me prouvant l'éternité du mouvement. Mais, Dioclès, ce n'est pas là, je pense, la réponse que vous donneriez à nos malheureux.

DIOCLÈS.

Pourquoi pas?

ARISTÉE.

Premièrement, comment savoir que le germe du malheur ne les accompagnera pas dans toutes leurs façons d'être possibles, comme l'ombre accompagne un corps opaque?

DIOCLÈS.

Et par conséquent le germe du bonheur les accompagnera toujours, comme la lumière accompagne un corps opaque qui fait ombre. — Mais, Aristée, si le mal consiste dans des actions de dehors, contraires à notre bien, à nos désirs, aux directions de nos volontés, et si le bien consiste dans des directions de notre volonté qui ne rencontrent aucun obstacle, il s'ensuit que le germe du mal est dans les rapports entre les choses hors de nous et nous, et que celui du bien est dans notre propre nature. Or, ces rapports sont continuellement sujets aux changemens; mais nous, nous sommes nous, pendant la durée éternelle. Ainsi, le germe du mal est vague, et passe comme un météore; tandis que celui du bien est inaltérable comme le feu de cet astre qui nous éclaire : et cela est si vrai, que dans le mal suprême il nous reste du désir, et que dans le bien suprême il ne nous reste ni crainte ni douleur.

ARISTÉE.

Ce que vous dites-là, Dioclès, est vrai, je l'avoue ; mais je crains que ces infortunés ne se contenteroient pas trop de cette réponse.

DIOCLÈS.

Et pourquoi ne s'en contenteroient-ils pas ?

ARISTÉE.

Parce que leurs maux sont présens, qu'ils les sentent actuellement; et prétendez-vous compenser un mal présent et réel, par l'espérance vague d'un bien futur ?

DIOCLÈS.

Mais les hommes font-ils autre chose pendant tout le cours de leur vie ? Regardez un athlète étendu sur l'arène, couvert de plaies et nageant dans son sang : voilà des maux présens qu'il a comptés pour rien, en les comparant avec la vaine attente du laurier.

Regardez le vieux Biophile, qui subit la cure la plus douloureuse dans la foible espérance de quelques jours de tranquillité : et vous-même, Aristée, à quels dangers ne vous êtes-vous pas exposé au combat de Lamia [1], afin de paroître le plus vaillant des Athéniens. — Vous voyez donc, par le calcul de tous les hommes, que, soit en bien, soit en mal, ils font beaucoup moins de cas du présent que du futur. J'excepte ces momens rares et sublimes, où l'ame, tout absorbée dans ses jouissances, rend l'imagination inactive, et la met hors d'état d'ajouter au présent, pour entrevoir un futur plus riche et plus orné encore.

ARISTÉE.

J'avoue, Dioclès, que vous avez changé mes idées sur le bien et sur le mal. Je sens que l'un et l'autre, ou plutôt l'un des deux, avec ses gradations, tiennent à l'essence des êtres libres. Je conçois, par l'attrait indes-

---

[1] Lamia, ville de la Phthiotide en Thessalie, où Antipater s'étoit réfugié après avoir été vaincu par les Grecs. C'étoit devant cette ville que se donna le combat où les Athéniens, abandonnés des Etoliens, furent défaits; où leur général Léosthène perdit la vie. Antiphile lui succéda dans le commandement de l'armée, et remporta ensuite une victoire signalée sur les Macédoniens.

tructible de l'homme vers le futur et le meilleur, qu'il y a un futur et un meilleur pour
lui. J'avoue que le germe du bien est dans
l'homme, et que celui du mal est hors de lui;
qu'une autre façon de modifier son imagination, dès sa jeunesse, diminueroit ou anéan-
tiroit ce qu'il appelle le mal, et rendroit,
même dans cette vie, la jouissance du bien
plus continue, plus uniforme et plus homogène. Je sens que l'homme s'est créé lui-
même ces monstrueuses gradations dans le
bien et dans le mal. C'est à la distance de la
royauté à l'esclavage, de la mollesse cultivée
et décorée à la douleur, qu'il doit ses maux;
et cette distance est son ouvrage. Voilà sur
quoi nous sommes parfaitement d'accord.—
Mais, mon cher Dioclès, j'ai à me plaindre
de vous. Il me semble que vous imitez trop
le sage Simonide.

DIOCLÈS.

Comment cela?

ARISTÉE.

Plus on lui faisoit des questions sur les
dieux, plus il reculoit le temps de sa réponse.
Vous faites de même; car chaque fois que
je vous demande ce que c'est que Dieu, et
quelles sont mes relations avec lui, vous ne

répondez qu'à quelques parties accessoires de ma question.

DIOCLÈS.

J'ai voulu vous faire bien sentir, Aristée, que proprement il n'y a point de mal dans l'univers, et que ce que nous appelons bien ou mal, n'est qu'une propriété de l'être borné, intelligent, libre et éternel. Actuellement nous pouvons essayer de pousser nos recherches sur la nature de cet être puisant, par qui tout existe. — L'homme, Aristée, est en apparence susceptible de deux espèces de convictions : l'une est un sentiment interne, ineffaçable dans l'homme bien constitué ; l'autre dérive du raisonnement, c'est-à-dire, d'un travail de l'intellect conduit avec ordre. La seconde ne sauroit subsister sans avoir la première pour base unique ; car, en remontant aux premiers principes de toutes nos connoissances, de quelque nature qu'elles puissent être, nous parviendrons à des axiomes, c'est-à-dire, à la pure conviction du sentiment : et comptez même, Aristée, que l'Olympe, le Ténare, et ces riantes plaines au-delà de l'Achéron, quoique ornées et modifiées par les charmes de la poésie, ont leur source primitive dans la conviction pure

d'une vérité simple. Dans l'homme bien constitué, un seul soupir de l'ame, qui se manifeste de temps en temps vers le meilleur,
le futur et le parfait, est une démonstration
plus que géométrique de la nature de la divinité. Mais à mesure que les homme ont
multiplié leurs besoins, ils ont perfectionné
leurs facultés intellectuelles ; et le sentiment
interne en a perdu de sa vivacité. La marche sûre et géométrique de l'intellect, a fait
préférer la conviction déterminée et précise
qui en résulte, à celle du sentiment, qui est
d'une simplicité infinie, et par là vague et
indéterminée en apparence. La première de
ces convictions est beaucoup plus analogue
à ceux de nos organes dont nous avons appris à nous servir le plus, et qui par conséquent sont les plus exercés : la seconde est
relative aux degrés d'élévation, de perfection, et de la trempe de l'ame de chaque individu. Je puis d'ailleurs, par le moyen du
langage, modifier l'intellect d'un autre, de
manière qu'il en résulte pour lui la même
conviction géométrique et déterminée que
j'ai moi‑même ; tandis que la conviction purement sentimentale naît dans l'essence, et
ne sauroit être communiquée. Tâchons par

conséquent de trouver un chemin qui mène
à cette première conviction.

Le seul infini réel, et parfaitement absolu
dans la nature, c'est l'espace : il est un ; il n'a
point de partie ; il comprend en lui tout l'actuel et tout le possible, sans que l'actuel ou
le possible fassent partie de son essence. Par
conséquent sa non - existence est absurde.
Ainsi, la durée éternelle est une suite de son
existence. — Deux infinis absolus, distingués
l'un de l'autre, sont impossibles, puisque cela
supposeroit des bornes quelconques contradictoires à l'infinité. — Par nos raisonnemens
nous sommes parvenus à la conviction géométrique et parfaite de l'existence d'un seul
Dieu créateur, qui existe par essence, par
sa propre force, et qui par conséquent est
infini. — Ainsi, l'espace, un et infini, n'est
pas un être ou une essence distincte ; et par
conséquent il est un attribut du Dieu. —
C'est le seul attribut par lequel nous connoissons ce grand être, au moyen même de
nos organes. Quelle infinité d'attributs il faudroit ajouter à l'espace , pour compléter le
total de la divinité ; c'est-là une question,
Aristée, à laquelle Dieu seul pourroit répondre. Mais ce qui résulte géométrique-

ment de ce grand attribut, c'est la toute-présence de la divinité. Tout l'univers, actuel ou possible ensemble, ne sauroit faire une partie, un atôme ou un mode de ce Dieu infini. Pourtant il est partout : il est ici ; il n'y a dans cet arbuste, dans vous, ni dans moi, Aristée, aucune partie, quelque indivisiblement petite que nous la concevions, qu'il ne pénètre. Il est en vous aussi parfaitement présent que dans tout l'univers, que dans lui-même : et vous doutez si Aristée a des relations avec lui !

ARISTÉE.

— Dioclès, permettez que je vous interrompe un moment. Ce n'est pas pour vous contredire ; car je sens vivement les vérités que vous venez de m'annoncer et de me prouver : c'est pour implorer votre secours, — Je m'énorgueillissoit de la conviction parfaite de ce voisinage de Jupiter ; mais en considérant le néant de l'humanité entière, je me sens déchu de mon bonheur. — Lorsque je vois des volcans, des déluges, des pestes, des tremblemens de terre, détruire des millions d'êtres comme moi, avec toute leur postérité possible, lorsque, me mettant dans quelque astre éloigné, je regarde la petitesse

de notre planète, lorsque je pense aux accidens qui pourroient dans un instant décomposer ce globe entier; j'avoue que je me
perds, je n'entrevois aucune relation avec
le Dieu, et peu s'en faut que je ne retombe
dans le chaos des doutes dont vous m'aviez
tiré.

DIOCLÈS.

— Mon cher Aristée, si, en grimpant vers
le sommet de l'Aornos, ce rocher roide et
escarpé, que l'ancien Hercule a dû laisser
intact, et que le Macédonien a conquis, nous
regardions à moitié chemin en arrière, la
tête nous tourneroit, et les précipices d'alen-
tour rendroient célèbres les noms d'Aristée
et de Dioclès : mais si, en continuant nos
travaux et nos peines, nous parvenions jusqu'au sommet! — Le sommet de l'Aornos est
une plaine fertile, remplie de sources, en-
trecoupée de ruisseaux, ornée de verdure et
de fleurs éternelles, et où ce beau soleil luit
sans nuages. — Parvenus, comme nous le
sommes, à la connoissance parfaite, que le
germe du bien repose dans le sein de l'être
libre, et que le Dieu créateur est partout où
nous sommes, et partout où nous ne serons
jamais : c'est de cette hauteur que vous regar-

dez à terre. — En vérité, il n'est pas étonnant que dans un tel éloignement les objets, dont vous ne voulez voir que les écorces, vous paroissent petits. — Le néant de l'humanité vous pèse. Mais vous, Aristée, êtes-vous si peu de chose, lorsque vous volez d'astre en astre, pour contempler de loin ce globe que nous habitons? Etes-vous si peu de chose, lorsque, physicien, vous pénétrez les lois de la nature? lorsque, législateur, vous mettez un frein aux vices de la société? lorsque, par vos lumières, vous éclairez les siècles à venir? — Pourquoi peindre l'humanité d'après ce que vos yeux seuls vous découvrent de ces êtres là-bas? et pourquoi n'en pas prendre le modèle d'après ce que vous vous sentez être vous-même? Vous ressemblez à ces hommes par la figure; mais eux, ils vous ressemblent du côté de leurs ames, de leurs facultés, de leur existence indestructible. Voilà l'humanité. Mais vous, qui voyez tant de fléaux détruire des millions d'êtres qui vous ressemblent, et qui, pour rendre la chose plus lugubre encore, y ajoutez toute leur postérité possible, — vous rendez impossible l'existence de cette postérité, en détruisant la cause; et vous voulez peindre misérable, ce dont l'existence n'est pas possible. — Mais au fond, qu'est-ce que ces fléaux détruiront, je vous prie? Ils décomposeront quelques amas de particules de matière, mais non l'humanité : elle ne consiste pas dans le contour étroit du corps de l'homme. — Le Dieu est avare en matière, Aristée; et de ce côté-là l'univers est pauvre. Une particule de matière est une chose d'emprunt : elle doit servir tantôt Achille, tantôt Homère, tantôt Aristée, tantôt quelque animal, quelque plante ou quelque pierre.

ARISTÉE.

Mais ces ames, dont les corps sont détruits, ne produiront donc plus leurs semblables?

DIOCLÈS.

Le feu s'attache à tout, agit sur tout, se reproduit dant tout; et l'eau même ne paroît l'éteindre, que parce qu'elle l'aime trop; elle l'attire et l'absorbe : et croyez-vous, Aristée, que pour nos ames il n'y a d'autres essences que la matière, pour s'y joindre, pour y agir, et pour s'y reproduire.

ARISTÉE.

O Dioclès, vous qui me consolez, qui me

soutenez, et me remettez à ma place, dans le moment où je risquois de me précipiter, achevez votre ouvrage. Faites-moi comprendre que le Dieu se mêle des affaires des hommes : c'est le dernier des travaux que je vous impose.

DIOCLÈS.

Le dernier des travaux d'Alcide fut de dompter le triple Cerbère : celui que vous venez de m'imposer, Aristée, lui ressemble; car votre question est triple. Lorsque vous me demandez si Dieu se mêle de l'humanité, ou des hommes, la réponse est facile, puisqu'il s'en est mêlé en formant leur espèce. Lorsque vous me demandez s'il se mêle des affaires des hommes, comme Minerve, qui ralentit le vol du javelot de Pandare [1], ou comme Pan, qui secourut nos pères dans les plaines de Marathon [2]; c'est-à-dire, s'il se mêle des événemens de leur société, de leurs actions

[1] C'est dans le quatrième livre de l'Iliade qu'on trouve que Minerve changea la direction de la flèche que Pandare, fils de Lycaon, décocha contre Ménélas.

[2] On prétendoit que le dieu Pan étoit venu au secours des Athéniens à la bataille de Marathon, en jetant l'épouvante parmi les Perses : et c'est delà que nous reste encore l'expression de terreur panique, pour signifier une frayeur dont on ne sait pas la cause.

en tant qu'effets de leur volonté libre, en
tant que modifications données à la matière
par leur volonté, il faut répondre, que, sans
être impossible, il doit paroître impossible
à tout être borné, que Dieu détruise, dans
un cas particulier, la loi qui dérive de l'impulsion générale qu'il a donnée à la nature.
Mais lorsque vous me demandez, si la divinité se mêle de l'homme, ou de l'individu,
comme les Tyndarides, qui appelèrent Simonide pour le sauver du sort de Scopas [1];
il faut reprendre notre raisonnement de tantôt, après avoir remarqué, qu'il y a des rapports, ou des relations quelconques, entre
deux choses ou deux êtres quelconques qui
coexistent. De l'unité et de la toute-présence
de la divinité prouvées, suit nécessairement,
que le moindre atome, et l'être le plus sublime et le moins borné, ont également des
relations avec Dieu, à proportion de la richesse de leur composé, et de leur homogé-

[1] Simonide se trouvant un jour à un festin chez Scopas, ou, suivant d'autres, chez un certain Pharsalus,
avoit fait l'éloge de Castor et de Pollux : ces dieux,
pour le payer de sa piété envers eux, le firent mander ; et le moment après qu'il fut sorti de la maison,
elle tomba en ruine, et écrasa tous ceux qui se trouvoient dedans.

néité avec lui. Par conséquent, l'excellence
et le bonheur d'un être quelconque, se mesure par la proximité et par la multiplicité
de ces relations. Par-là il est évident, que
l'être libre, qui a la faculté de se contempler
et de se modifier, si je lui suppose quelque
connoissance de la nature du Dieu, est en
état de perfectionner, de diminuer, ou de
multiplier ces relations. Par conséquent, sa
grande étude doit être de connoître ce Dieu.
C'est par la marche lente et compassée de
l'intellect, en commençant par les vérités
simples, que nos organes les plus grossiers
nous découvrent que nous sommes parvenus à la conviction déterminée et précise de
l'existence, de la puissance, et de la toute-
présence du Dieu. Pour parvenir à la connoissance de sa nature, et de celle de nos relations avec lui, il faut entrer dans nous-
mêmes, et faire disparoître l'écorce de l'humanité. Si jamais du trépied de Delphes est
sorti un oracle digne de la réputation du
brillant fils de Latone, c'est la leçon universelle : *connois-toi toi-même*. C'est dans
cette connoissance seule, qu'on peut puiser
celle de la nature de la divinité. Vous avez
bien réfléchi, Aristée, lorsque vous avez dit,
que vous ne pouviez comparer à Dieu ni

votre figure, ni votre corps, ni vos forces. Cependant, comme il y a des rapports entre toutes les choses qui coexistent, il faut qu'il y ait des relations entre votre figure, votre corps, vos forces et la divinité. Mais la connoissance de ces relations, supposé même que vous pussiez y parvenir, vous seroit parfaitement inutile; puisque, ne pouvant changer ni votre figure, ni votre corps, ni vos forces, vous ne sauriez ni augmenter, ni perfectionner ces relations. Par conséquent, il faut chercher des relations que vous pouvez changer, modifier et perfectionner à volonté; c'est-à-dire, il faut considérer en vous les choses dont les modifications dépendent le plus de vous-même, et que vous avez le pouvoir de perfectionner : ce sont les facultés de votre ame, et le degré d'harmonie dans leur ensemble. Vous avez très-bien senti, que, pour qu'une chose ait une relation avec une autre, il faut qu'elles aient des qualités homologues en commun : par conséquent, il faut chercher si parmi tout ce qui est en vous, dont vous êtes le maître et le despote, il n'y auroit pas des choses homologues ou homogènes avec la divinité. Nos facultés, en tant que nous les connoissons, consistent dans le pouvoir de vouloir, le pouvoir d'agir : et cette faculté vous ne la refuserez pas au grand moteur de l'univers. Elles consistent dans l'intellect, ou l'intelligence, qui compare et compose les idées que renferme votre imagination : or, nous avons vu que cette faculté est de l'essence de l'être libre qui peut vouloir et agir; par conséquent vous ne sauriez la refuser au Jupiter suprême, qui est souverainement libre : non qu'il compare ou compose, comme nous, des idées ou des relations, mais les essences mêmes. Nous pourrons en déduire, que, quelque prodigieuse que soit la distance entre ce Dieu et nous, la nature de notre activité sur la matière est la même que celle de son activité, en tant qu'il fait ce que nous appelons agir; et que la nature de notre intellect, ou de notre raison, est la même que celle de cette intelligence infinie; c'est-à-dire, que la nature de la vérité pour nous, est la même que celle de la vérité pour elle. Mais voyons si l'homogénéité n'est pas plus grande encore du côté de ce principe moral, par lequel vous jouissez et vous souffrez avec d'autres êtres, par lequel vous jugez souverainement du juste et de l'injuste, et par lequel on sent de la volupté d'une bonne et du repentir d'une mauvaise action. Si nous suivons la marche de nos facultés dans un événement quelconque imprévu, nous trouvons qu'au premier moment nous avons la sensation, ou bien l'imagination nous représente l'idée simple de la chose ou de l'événement : dans le second, le principe moral, en tant que sensible, désire, s'attriste, ou abhorre, en raison de sa sensibilité ou de ses relations avec cette chose ou avec cet événement : au troisième, ce même principe juge du juste ou de l'injuste ; c'est-à-dire, il sent quelle doit être notre modification à cet événement, pour que le repos et le contentement interne de l'ame ne souffre aucune atteinte : au quatrième, l'intellect s'y mêle, compare, compose, calcule, et corrompt, ou modifie la sensation morale : et au cinquième, la force de pouvoir vouloir et agir se détermine.

Vous voyez, Aristée, que dans les deux premiers momens l'ame est passive ; et qu'au contraire, elle est active dans les deux derniers : mais dans le troisième, elle est modifiée d'une toute autre façon, et tellement, que nous ne pouvons plus comparer son état ni à une activité agissante, ni à une inertie passive. Pour nous en faire une idée, remarquons que jamais homme n'a commis une mauvaise action, sachant qu'elle étoit telle, sans sentir du malaise, de la répugnance, de la peine, et sans s'apercevoir d'une voix interne, qui lui crie: « injuste, ou cruel, arrête. » Cette voix, Aristée, n'est autre chose qu'une loi qui dérive de notre essence, que Dieu a donnée aux êtres libres et actifs, pour s'aimer, pour s'unir ensemble; comme il a donné à la matière la loi d'inertie ou d'attraction, d'où dérive la réaction contre toute action contraire à cette loi : et si une particule de la matière inerte pouvoit sentir et parler, elle nous feroit un tableau de sa pente vers son homogène, de sa réaction contre tout ce qui voudroit l'en arracher, assez semblable au tableau que nous pourrions lui donner de notre conscience. Ainsi, Aristée, ce jugement moral n'est ni action, ni passion; c'est l'effet immédiat de la nature de nos ames éternelles, de leur attraction vers leurs semblables, vers le grand, vers le beau, vers la divinité : et c'est à cette attraction que Jupiter et l'Amour doivent les premiers autels que les hommes leur érigèrent.

ARISTÉE.

Je vous supplie, Dioclès, de m'éclaircir ces idées.

DIOCLÈS.

Le jugement sur le juste et l'injuste n'est que la contemplation de nous-mêmes et de nos actions, faite du centre d'un autre individu; ce qui suppose la faculté de pouvoir s'y placer. Cette faculté constitue le moral; et comme elle n'est ni passive ni active, mais qu'elle tient à l'essence de l'ame, ou qu'elle en fait partie, il s'ensuit qu'elle ne consiste que dans la pente naturelle, ou dans l'attraction d'un individu vers d'autres individus. Mais attraction entre deux choses dérive d'une relation quelconque entr'elles; et par conséquent attraction est réciproque. Mais nous avons vu que deux choses ne sauroient avoir des relations l'une avec l'autre, sans avoir un côté homogène ou homologue en commun : ainsi, lorsque la pente, l'attraction vers la divinité est constatée, il suit que nos relations et notre homogénéité avec elle le sont de même. Or, cette pente, cette attraction, est constatée; non qu'il faille la chercher dans les cris de la douleur, de la foiblesse ou de la crainte, qui ne s'adressent pas à Dieu, mais à une fin quelconque de souffrance; non que je veuille que vous m'en croyez, ni que vous en croyez la Pythie en fureur, ou le prêtre flatteur du Jupiter de

Lybie, qui voit dans Alexandre le fils de son dieu: mais croyez-en Socrate, croyez-vous en vous-même, Aristée, lorsque vous aurez épuré cet organe, qui est tourné vers les choses divines [1], comme l'œil est tourné vers la lumière. C'est alors que vous trouverez cette attraction et cette homogénéité, dans l'aisance avec laquelle les hommes exercent le bien. Si nous considérons le ton qui règne dans les actions de Sésostris, de Thémistocle, du Macédonien lui-même, et si nous les comparons à celui des actions de Socrate, d'Epaminondas, et de Timoléon, nous trouvons, dans celles des premiers, de la grandeur, à la vérité, mais des efforts, des peines, du travail, de la sueur; tandis que chez les autres tout est grandeur, aisance, nature, simplicité: marque certaine de l'harmonie constante de leur ensemble. L'impossibilité de faire le mal s'y manifeste. Le bonheur (qui est la continuité du bien) qui dans les autres ne paroît que l'effet des événemens, des circonstances, et de la vertu du jour, paroît dans ces héros une émanation de leurs essences. Ce que les hommes appellent malheur cesse de l'être chez eux, et prend le ton

[1] On lit dans le grec : ὄργανον ψυχῆς ᾧ μόνῳ θεατὸν ἐστι τὸ θεῖον.

du bonheur même. La retraite à Délie[1] a le
même ton que les victoires du Thébain[2]; et
quel homme sensé n'aimeroit pas mieux être
le superbe Socrate dans les fers, que le fils
de Philippe au fond des Indes? Il me semble,
Aristée, que lorsque l'homme est parvenu,
soit par ses travaux, ou par l'excellence de
sa nature, à l'harmonie parfaite des facultés
que nous lui connoissons, d'autres facultés,
jusqu'ici inconnues, commencent à se développer, et augmentent son homogénéité
avec le Dieu, au point qu'une ombre même
de la puissance divine paroît s'y manifester.
Ainsi, mon cher, s'il pouvoit être douteux,
que Jupiter tout-présent se mêlât de tels individus, il est pourtant indubitable, que ces
hommes ont la faculté de se mêler avec le
Dieu. Figurez-vous, sur les rives du Gange,
une barque, qui touche son sable précieux;
les travaux du pilote la font mouvoir avec
peine; ses mouvemens sont forcés, et de peu
de durée : mais lorsqu'enfin le pilote est par-

[1] L'auteur parle ici certainement de la défaite des
Athéniens à Délie, où Socrate sauva la vie à Xénophon, et défendit Lachès, en faisant la plus belle con-
tenance pendant la retraite.

[2] Ce sont les victoires remportées par Epaminondas
à Leuctres et à Mantinée.

venu à la remettre à flot, elle obéit sans
peine; ses mouvemens sont aisés; elle suit le
cours du Gange avec facilité, puisque le but
du pilote et du Gange est dans la même direction. Voyez un aigle qui plane dans les
airs, en conformant son vol au souffle d'Eole;
il ne se fatigue pas, ses ailes paroissent immobiles : il est le plus parfait symbole de
l'homme vertueux, de l'homme heureux,
qui ne rencontre aucun obstacle, et dont le
vol, quoique fini et borné par sa nature, est
poussé sans fin et sans cesse vers la vraie fé-
licité, par le torrent immense de la volonté
suprême.

Voilà, à ce qu'il me paroît, Aristée, ce
que nous pouvons dire avec sécurité sur la
nature de Jupiter, et sur nos relations avec
lui. — Bornons ici notre discours, il se fait
tard. — Voyez l'Arctophylax [1] qui brille déjà,
et nous annonce la nuit qui approche. —
D'ailleurs, nous avons satisfait, je pense, à

[1] L'Arcturus, ou l'ὸψὲ δύων d'Homère marqué α
dans *Ptolémée*, *Bayer* et *Flamsteed*, est l'étoile la
plus brillante dans la constellation du Bouvier; ou
plutôt c'en est une informe de la première grandeur,
qui appartient à cette constellation. Les anciens ont
désigné aussi par Arctophylax toute la constellation
de ΒΟΩΤΗΣ, ou du Bouvier.

ce que nous nous étions proposé. Nous avons
trouvé qu'il doit régner un ordre parfait dans
l'univers, qui ne sauroit être visible que pour
l'œil de la divinité. Nous avons vu, en contemplant ce grand total de tous les côtés sensibles
pour nous, que sa dépendance est manifeste,
et qu'il n'est que le produit d'une puissance
créatrice, infiniment intelligente. Nous avons
vu que l'infinité absolue de l'espace est la mesure de l'étendue et de la présence du Dieu.
Nous avons entrevu la nature de nos relations,
et le degré de notre homogénéité avec lui.
Pour les sentir l'un et l'autre distinctement,
Aristée, il faut des développemens; il faut se-
couer l'écorce matérielle; il faut la mort. Combien de développemens, combien de morts il
faut à l'ame, pour qu'elle parvienne à la plus
grande perfection dont son essence est susceptible; c'est un secret voilé pour nous aussi
long-temps que la succession de temps et de
parties sera pour nous le seul moyen d'avoir
des idées distinctes; comme les chants sublimes du divin Homère sont des secrets voilés
pour l'enfant, qui ne forme encore que des
syllabes par la succession des sons et des caractères. Il nous suffit de savoir, que c'est
dès cette vie que nous prenons notre essor;
que la mort ne change pas notre direction

prise, et qu'elle ne fait qu'accélérer les mouvemens de l'ame dans cette direction, qui dépend entièrement de l'énergie de l'être libre.

ARISTÉE.

Dioclès, vous me rendez la mort l'objet de ma plus vive curiosité. Mais il y a une chose, mon ami, qui m'afflige.

DIOCLÈS.

Quelle est-elle, mon Aristée?

ARISTÉE.

C'est qu'en voyant le vol que vous vous préparez, je crains que la mort ne vous éloigne trop de moi: et comment alors franchirons-nous l'espace immense qui va nous séparer?

DIOCLÈS.

Mon cher Aristée, vous vous trompez. Comptez que l'Alphée fait bien plus de chemin pour mêler ses ondes à celles de sa belle Aréthuse.

EXPLICATION

DES VIGNETTES.

La vignette du titre représente plusieurs attributs
de divinités du paganisme.

Celle qui se trouve à la tête de la dédicace, paroît
indiquer un sacrifice que Dioclès fait avant que de
commencer son ouvrage. L'inscription grecque qui
se trouve sur l'autel, ΔΙΟΤΙΜΑΙ ΨΥΧΑΓΩΓ. Κ. ΠΕΙΘΟΙ.
Κ. ΧΑΡΙΤ. ΔΙΟΚΑ. ΑΝΕΘ. s'explique ainsi : *A Diotime, la conductrice des ames, et à la Persuasion,.
et aux Grâces, Dioclès a érigé cet autel.*

Celle qui se trouve à la fin de la dédidace, est co-
piée d'après une pierre gravée, qui représente une
urne antique surmontée de trois papillons. Ils indiquent apparemment les ames de ceux dont les cen-
dres reposent dans l'urne : il faut avouer que les anciens étoient extrêmement expressifs dans ce qui concerne le sentiment. On lit sur l'urne ΛΔΣ, ce qui fait
le nombre de 234, ou bien 2, 3, 4. Il est difficile de
juger si ces caractères sont des lettres initiales, où
s'ils désignent quelque époque. Dans le dernier cas,
ils pourroient signifier l'an 234 des Séleucides ; ou
bien l'an 234 de quelque ère égyptienne, en supposant
que le Λ désigne le mot λυκάβας : quoiqu'on trouve sur

les médailles des Ptolémées et des empereurs ce mot ordinairement exprimé par le L romain. Ces lettres pourroient tenir encore à la secte de Pythagore ; puisque ces trois nombres, pris ensemble, forment le nombre le plus parfait. D'ailleurs, ce petit monument pourroit être du genre des amulettes ; quoique la figure du vase soit assez élégante. On voit ici que l'érudition et la critique peuvent éclairer l'antiquaire, mais que souvent elles l'éclairent trop.

La vignette qui termine ce dialogue, a rapport au passage qui se trouve vers la fin du dialogue, *p.* 118, *Voyez un aigle, etc.*

ALEXIS,

OU

DE L'ÂGE D'OR.

.... Φίλοι μακάρεσσι Θεοῖσι
Θνῆσκον δ' ὡς ὕπνῳ δεδμημένοι· ἐσθλὰ δὲ πάντα
Τοῖσιν ἔην· καρπὸν δ' ἔφερε ζείδωρος ἄρουρα
Ἀυτομάτη πολλόν τε κỳ ἄφθονον.

DIOCLÈS ᴀ DIOTIME,

BONHEUR.

*S*ᴀɢᴇ *et sacrée Diotime ! Me prome-
nant un jour dans le temple de Saturne,
rien n'attira plus mon attention parmi
les riches ornemens qui brilloient de
tout côté que le tableau célèbre qui représente les jouissances du siècle de
cette grande divinité. De retour à Athènes, voulant donner à des amis quelque
foible idée des impressions que cette
peinture avoit laissées dans mon ame,
je tâchois d'imiter le pinceau de Zeuxis
dans ces discours ; mais je ne trouve
rien dans ce siècle de fer à quoi je puisse
confronter mon ouvrage, afin de juger
de sa valeur ; je vous l'adresse, avec
prière de vouloir bien l'évaluer ; car s'il*

reste encore en-de-çà des Elysées un type vrai de l'âge d'or, je le chercherois vainement ailleurs que dans l'ame sainte et pure de Diotime.

ALEXIS,

OU

DE L'ÂGE D'OR.

~~~~~~~~~~~~~~~~~~~~~~~~~~~~~~~~~~

DIOCLÈS et ALEXIS.

———

DIOCLÈS.

Comment vous va, mon cher Alexis? Je
ne vous ai vu de long-temps. Où allez-vous?

ALEXIS.

Je vais me promener du côté de Cyno-
~~~~~~~~~~~~~~~~~~~~~~~~~~~~~~~~~~

sarges, et peut-être ensuite chez Demophoon, qui donne un grand festin aujour-
d'hui auquel il m'a invité. Voulez-vous être
des nôtres? Je vous assure que vous connoissez tous nos convives, et Demophoon se
plaint amèrement de ce qu'il ne vous voit
point.

DIOCLÈS.

Je ne le puis. Aristée est malade, et j'ai
promis de passer aujourd'hui quelque temps
avec lui. — Asseyons-nous ici ; il fait chaud.
— Je ne sais aucun endroit hors de la ville
où l'on jouisse d'une fraîcheur plus agréable.
Ensuite vous m'accompagnerez jusqu'à la
maison d'Aristée : c'est votre chemin.

ALEXIS.

Très-volontiers, mon cher Dioclès. —
Mais n'est-ce pas Straton de Lynde qui va
là ?

DIOCLÈS.

Oui, c'est lui.

ALEXIS.

Il ne nous voit pas. — J'en suis bien aise,
car j'aime toujours mieux être seul avec vous.

DIOCLÈS.

Sa vue me rappelle une question que je

dois vous faire. Il m'a dit que Simmias de Rhodes, le lyrique, est ici. Comme Simmias étoit l'ancien ami de votre père, je présume qu'il loge chez vous. Est-il ici ?

ALEXIS.

Non, il est attendu. — Mais je ne le verrai pas beaucoup.

DIOCLÈS.

Pourquoi ?

ALEXIS.

— Franchement, je n'aime pas les poëtes.

DIOCLÈS.

Mon cher Alexis, qu'Apollon nous préserve ! Qu'est-ce que vous aimez donc ?

ALEXIS.

Vous en serez émerveillé tant qu'il vous plaira ; mais depuis que vous m'avez donné le goût de la philosophie de Socrate, je ne saurois qu'y faire, je suis le serviteur de ces messieurs.

DIOCLÈS.

Croyez-vous que Socrate n'étoit pas poëte, et qu'Orphée, Hésiode et Homère n'étoient pas philosophes ?

ALEXIS.

C'est comme poëtes que je leur veux du mal. Ils amusent pour quelques instans, mais on n'y trouve guère que des mensonges et des fables. La belle vérité est toute nue par sa nature, et tout ornement qui la couvre, est une tache qui en diminue l'éclat.

DIOCLÈS.

Mon cher Alexis, c'est parce que vous la comparez à la Vénus de l'Olympe que vous jugez ainsi. Si vous la compariez à une médecine salutaire, mais amère à proportion, vous conviendriez que pour la faire avaler il faut du miel ou de la dorure. Votre comparaison peut être juste et vraie parmi les dieux, mais la mienne convient mieux à la nature de nous autres mortels.

ALEXIS.

Cela se pourroit ; mais je ne me plains pas des poëtes lorsqu'ils me donnent des vérités dans leur langage ; je suis indigné lorsqu'ils veulent me donner leurs rêves et leurs songes pour des vérités.

DIOCLÈS.

Si leurs rêves et leurs songes sont vraisemblables, ils peuvent du moins représenter des vérités.

ALEXIS.

Je l'avoue. Mais ils ne le peuvent pas lorsqu'ils sont extravagans et absurdes. Je passe à Hésiode et Homère toute leur théogonie,

et ce qu'ils racontent des dieux qu'ils se
créent, et que je ne connois pas ; mais lorsqu'ils me débitent des extravagances au sujet des êtres que je connois, je me fâche.
Rappelez-vous, je vous prie, le tableau de
l'âge d'or d'Hésiode, lorsqu'il nous dit :
« Que sous le règne de Saturne les hommes
« vivoient comme des dieux, dans une paix
« profonde, dans un parfait repos, sans tra-
« vail et sans peine ; que la vieillesse n'avoit
« point d'incommodités ; qu'étant toujours
« également dispos, ils jouissoient toujours
« également dans leurs fêtes de leur amour
« mutuel ; que la terre leur fournissoit
« abondamment à peu de frais tous les fruits
« qu'ils pouvoient désirer ; qu'ils étoient
« chéris des dieux immortels, et qu'ils mou-
« roient comme accablés d'un profond som-
« meil. » Croyez-vous, mon cher Dioclès,
que les hommes avec lesquels nous vivons,
qui se haïssent, se trahissent et s'entre-tuent
pour le plus vil intérêt, soient susceptibles
d'un état de bonheur tel qu'Hésiode nous le
dépeint ?

D I O C L È S.

Non pas les hommes avec lesquels nous
vivons ; mais ceux qui vivoient alors.

ALEXIS.

Croyez-vous que ces hommes d'alors pouvoient jamais produire une génération telle
que la nôtre, et que la nature humaine se
pouvoit abâtardir de la sorte ?

DIOCLÈS.

La nature humaine n'est pas abâtardie,
et l'âge d'or d'Hésiode n'est pas un men-
songe.

ALEXIS.

Voilà ce qui me paroît extraordinaire.
— Si vous pouvez me prouver la vérité de
ces deux assertions, je me raccommode avec
Hésiode ; car à vous dire vrai, ce qui m'a
donné le plus d'humeur contre lui, c'est la
comparaison que j'ai faite du tableau des
hommes de son âge d'or, avec la corruption
présente de ces mêmes hommes et le désordre affreux de leur société.

DIOCLÈS.

Je sentois bien qu'il entroit un peu de
misanthropie dans votre fait. — Mais je tâcherai de vous en guérir, si vous voulez me
donner un peu d'attention.

ALEXIS.

Volontiers.

DIOCLÈS.

Pouvez-vous vous figurer le globe de la terre peu de temps après qu'il fut sorti du sein de la nature, et oublier pour un instant que vous l'habitez ?

ALEXIS.

Oui, sans peine.

DIOCLÈS.

Voyons si vous le pouvez. — Vous voyez ce globe peuplé d'animaux. Trouvez-vous de la différence entre ces animaux ?

ALEXIS.

Oui, assurément. Ils diffèrent en figure, en grandeur, en force, et en manière de vivre.

DIOCLÈS.

Et comment diffèrent-ils ? — Qui en est le plus grand, par exemple ?

ALEXIS.

L'éléphant m'en paroît le plus grand et le plus sage; le lion le plus fort et le plus courageux; l'homme le plus délié dans les mouvemens de son corps et le plus craintif; le renard le plus rusé, et ainsi du reste.

DIOCLÈS.

Cette terre appartient-elle à tous ces animaux en commun, ou bien à quelques-uns d'entre eux?

ALEXIS.

Elle n'appartient à aucun d'entre eux, ou proprement elle appartient à chaque animal, en tant qu'il peut en faire usage pour satisfaire aux besoins de sa nature.

DIOCLÈS.

Mais tous ont-ils le même droit sur cette terre ou sur ce qu'elle produit?

ALEXIS.

Oui, tous; c'est-à-dire, chacun à proportion de ce qu'il peut; et le lion leur fait souvent sentir cette vérité.

DIOCLÈS.

Je le crois; mais sur ce pied-là ils doivent vivre très-mal ensemble?

ALEXIS.

Non, cela va. Ils se font à la vérité quelque mal d'espèce à espèce, mais ceux de la même espèce vivent assez paisiblement entre eux.

DIOCLÈS.

Je suis charmé, mon cher Alexis, de la façon simple et pure dont vous envisagez les choses. Vous avez le droit de comparer la vérité à la belle Vénus toute nue , et j'ai eu tort de vous le reprocher. Mais dans votre tableau l'homme ne paroît guère jouer le premier rôle parmi les animaux.

ALEXIS.

Non ; mais il n'y joue pas non plus le dernier. A tout prendre , les avantages particuliers de chaque espèce se trouvent assez compensés dans les autres espèces , et l'une vaut bien l'autre,

DIOCLÈS.

Ainsi , la proportion entre l'homme et un autre animal dans votre globe primitif est à-peu-près l'égalité ; c'est-à-dire, l'un est à l'autre comme un est à un ?

ALEXIS.

Cela est assez juste.

DIOCLÈS.

Revenez un instant de votre globe primitif, et jetez les yeux sur ce globe tel qu'il est à présent : trouvez-vous encore la même proportion entre les différentes espèces d'animaux?

ALEXIS.

Oui , par rapport aux animaux. — Quant à eux, il n'y a aucun changement.

DIOCLÈS.

Et par rapport à l'homme ?

ALEXIS.

La différence est immense, je l'avoue. Je n'avois pas fait cette réflexion.

DIOCLÈS.

En dirois-je trop en avançant que cette proportion, qui étoit au commencement comme un à un, est à présent comme un milliard à l'unité ?

ALEXIS.

Non, sans doute. — En pouvoir et en sagacité l'homme a gagné à l'infini ; et c'est pour son malheur peut-être.

DIOCLÈS.

C'est ce que nous verrons après, mon cher. Mais que concluez-vous de ce prodigieux changement dans les hommes, tandis que les autres animaux sont restés à leur place ?

ALEXIS.

J'en conclus qu'il y a un principe quelconque de perfectibilité adhérent à la nature de l'homme, et qui agit ou par une force de dehors, ou par sa propre énergie.

DIOCLÈS.

Y a-t-il quelque chose de semblable à ce principe dans d'autres espèces d'animaux ?

ALEXIS.

Non, rien absolument ; car tant de siècles auroient dû nous en faire apercevoir quelque chose.

DIOCLÈS.

Voyons cependant ce que nous devons entendre par ce principe de perfectibilité dans un animal. C'est à vous à le définir ; vous l'avez mis en jeu.

ALEXIS.

Ce principe suppose nécessairement deux choses : l'une, que la nature de l'animal est susceptible d'un état plus heureux que son état actuel ; l'autre, la sensation d'un meilleur état que celui dont il jouit.

DIOCLÈS.

Cela est très-juste, mon cher Alexis. Et ce principe consiste donc proprement dans le pouvoir de s'approcher de ce meilleur état ?

ALEXIS.

Oui, sans doute.

DIOCLÈS.

Dirons-nous encore que les animaux sont absolument destitués de ce principe ?

ALEXIS.

— Il me semble à présent que nous ne le pouvons pas , car l'état de l'animal , au moment qu'il satisfait à ses désirs , est meilleur que celui du précédent oú il désiroit encore. Or , nous voyons qu'il a su se procurer cet état, par conséquent il a ce pouvoir dont vous parliez.

DIOCLÈS.

Cela me paroît incontestable , et voilà donc l'homme et l'animal doués de ce même principe. Mais ce pouvoir , ce principe ne peut pas aller au-delà de la sensation d'un meilleur état , puisqu'alors il manqueroit de but et de cause ; ainsi ce principe va de pair avec cette sensation , et nous pourrions le confondre tellement, que si nous savions la richesse des sensations d'un meilleur état dans deux espèces d'animaux , nous pourrions en conclure à la force relative de ce principe dans chacune d'elles ; et sachant au contraire la force de ce principe, nous pourrions en conclure à la richesse réciproque de cette sensation du meilleur. Or, si nous comparons les effets de cette perfectibilité chez nos Athéniens d'à-présent, à ces mêmes effets du temps des Pélasges , leurs pères , et

ces effets encore à ceux dans votre homme
animal du monde primitif, nous voyons aisément la grande force de ce principe dans
l'homme, et par conséquent la disproportion prodigieuse entre la richesse de la sensation du meilleur en lui, et celle de cette
sensation dans l'animal. Pour la cause de
cette disproportion, nous la trouverions aisément dans une recherche de la marche naturelle de ce principe de perfectibilité. Mais,
Alexis, remettons cette tâche à un autre
jour. Je ne veux pas faire du déplaisir à Demophoon, ni vous empêcher de jouir de sa
fête.

ALEXIS.

Homme injuste que vous êtes! vous m'a-
vez inspiré l'amour de la philosophie, et
vous voulez maintenant que je vous quitte
pour une fête! Par Socrate, continuez, et
prouvez-moi ce que vous m'avez promis.
Demophoon me saura gré de vous avoir pré-
féré à son festin, et je suis sûr qu'il en feroit
de même à ma place.

DIOCLÈS.

Je crois aisément ce que vous dites ; car je
connois Demophoon depuis bien du temps.

— Continuons donc, mon cher Alexis, et n'interrompons plus notre course.

Quelle est, Alexis, la première sensation de l'animal qui vient de naître? Quelle est sa première modification, qui l'avertit de son existence?

ALEXIS.

Autant que je puis me l'imaginer, c'est le plaisir ou la douleur.

DIOCLÈS.

Vous avez raison ; mais proprement ce n'est pas ce que je vous demande. Le plaisir et la douleur sont déjà deux états déterminés. C'est jouir et souffrir. C'est deux états sont accidentels à l'animal et dérivent de causes externes : il est passif dans tous les deux. Je demande, quelle est la première sensation qui lui manifeste sa velléité, sa faculté de pouvoir vouloir?

ALEXIS.

Dirai-je donc que c'est le désir ou la peine ?

DIOCLÈS.

C'est parfaitement bien répondre à une particule près. C'est le désir et la peine ; car ces deux choses se confondent.

ALEXIS.

Je ne vous comprends pas bien.

DIOCLÈS.

— Pouvez-vous vous rappeler un moment de jouissance quelconque ?

ALEXIS.

Oui.

DIOCLÈS.

Votre sensation dans ce moment vous paroît-elle une chose simple ?

ALEXIS.

Elle m'a paru telle jusqu'ici.

DIOCLÈS.

Cependant, mon ami, si vous y faites attention, elle doit être composée de deux sensations différentes, qui, à la vérité, se confondent parfaitement dans ce moment et ne font qu'une sensation.

ALEXIS.

Et quelles sont elles ?

DIOCLÈS.

Celle d'un besoin, et celle d'une chose qui satisfait à ce besoin. Lorsque ces deux sensations coexistent dans toute leur force et se confondent, il y a jouissance.

A L E X I S.

Je vous comprends.

D I O C L È S.

Ainsi le désir, qui est la première sensation qui naît dans la nature de l'animal, est composé de la sensation d'un besoin quelconque, et de celle d'un objet quelconque qui pourroit y satisfaire, et par conséquent avant la jouissance, le désir est une peine. Si vous me demandez d'où viennent dans l'animal ces sensations de besoin, et d'un objet quelconque qui puisse le remplir, c'est une question d'une autre nature, et que nous reprendrons un jour. Mais comme il s'agit ici de faire une recherche sérieuse de la nature et de la marche de votre principe de perfectibilité dans tous les animaux, il faut commencer par trois choses.

1°. Par nous rappeler qu'un être borné quelconque ne sauroit exister par lui-même.

2°. Par nous rappeler une expérience qui ne s'est jamais démentie; savoir, que pour produire par le cours ordinaire de la nature un être quelconque qui ait la faculté de sentir et d'agir, il faut le concours de deux êtres de la même espèce, mais d'un genre différent.

3°. Par en conclure que chaque espèce d'animaux ou d'êtres sensibles ou actifs bornés, a commencé par deux êtres de genre ou de sexe différent, qui devoient leur existence à quelqu'agent d'une nature plus énergique et plus sublime.

Si cette production des deux premiers êtres s'est faite par Jupiter lui-même, dans le temps qu'il débrouilla le chaos informe qu'il avoit engendré dans l'espace infini, ou s'il confia ce magnifique ouvrage à la sage industrie du malheureux fils de Clymène, cela est incertain, et nous pouvons en croire impunément ce qu'on dit que les dieux en ont révélé à nos pères, ce qui en est consacré dans nos temples, ce que les devins et les prêtres nous en racontent, ou ce que les poëtes inspirés nous en disent dans leurs chants immortels.

ALEXIS.

Je conviens parfaitement de votre vérité, de votre expérience, et de votre conclusion; mais permettez, mon cher Dioclès, que je ne croie rien encore sur la foi des poëtes.

DIOCLÈS.

Tout comme il vous plaira ; mais croyez au moins sur la foi de vos yeux que le premier désir que nous remarquons dans les hommes et dans les animaux, est une pente vers la nourriture. Le vivipare se tourne vers le sein de sa mère, l'ovipare vers quelqu'aliment plus grossier, et il s'ensuit incontestablement que l'animal qui vient de naître, a en lui, d'une façon plus ou moins vague, ou plus ou moins déterminée, la sensation composée d'un besoin, et d'un objet qui pourroit le remplir. C'est cette sensation qui constitue le principe de perfectibilité dans tous les animaux, c'est cette sensation qui s'appelle instinct. Pour sa cause et son origine, comme je vous ai dit, nous en parlerons une autre fois; mais pour sa nature il faut l'approfondir ici.

Vous rappelez-vous ces beaux discours de Diotime sur les facultés de l'ame humaine, que Phédon d'Élée nous a transmis dans son dialogue de Simon ?

ALEXIS.

Si je me les rappelle ! je crois qu'ils ne s'effaceront pas plus de ma mémoire qu'ils ne le firent de celle de Socrate qui les rapporte

DIOCLÈS.

Je vois que vous vous les rappelez; j'en suis

bien aise. Et remarquons à présent que pour que cette sensation double d'un besoin et de son objet, produise quelqu'effet déterminé, il faut que ces sensations soient déterminées. Si nous considérons l'état de l'animal ou de l'homme dans ces premiers instans de son existence, nous trouvons: 1°. que son imagination n'est décorée encore que de ces deux sensations toutes seules; 2°. que le moral n'est rien; 3°. que l'intellect n'a uniquement que ces deux sensations ou idées pour objets de son activité; 4°. que la faculté de pouvoir vouloir n'a point de choix, car si elle avoit un choix, ce seroit entre la sensation du besoin et celle d'un objet qui le remplit. Mais ces deux sensations se confondent dans celle du désir; par conséquent la détermination de la velléité en volonté est pure et simple et dirige naturellement la dernière vers la jouissance.

Vous voyez donc, mon cher, que dans ce cas, dans ces premiers momens, il ne sauroit y avoir de la liberté dans l'homme ou dans l'animal. Son désir est unique. Son moral ne sauroit lui faire sentir aucun devoir, ni son intellect lui montrer aucun rapport: une seule sensation, un seul but produit un seul effet. Mais aussitôt que l'homme avance en lumières ; que plusieurs idées ou sensations d'une force à-peu-près égale se placent dans l'imagination à côté de cette sensation primitive ; toutes ses facultés trouvent de l'espace à se développer , à s'étendre , à s'exercer , et il se sent libre.

ALEXIS.

Je conçois votre idée. Mais voulez-vous que je vous dise franchement ce que je pense , et que je raisonne à la façon que vous me l'avez appris ?

DIOCLÈS.

Oui, assurément, mon ami.

ALEXIS.

L'instinct consiste dans un désir, dans une sensation unique à la vérité, mais composée de la sensation d'un besoin, et de celle d'un objet qui pourroit le remplir. Je vous l'accorde, et je vous accorde encore qu'étant unique , il détermine la velléité nécessairement et d'une manière unique. Si je suppose dans l'animal plusieurs désirs, plusieurs idées , plusieurs sensations , toutes exactement de la même force, je conçois que la faculté de pouvoir vouloir ne seroit dé-

terminée en volonté que par elle-même ;
mais comme je crois cette supposition fausse
et absurde, ne s'ensuit-il pas que toute idée
prépondérante dans l'imagination, doive
agir à-peu-près avec la force de l'instinct?
Et où en est alors cette liberté tant vantée?

DIOCLÈS.

Ce que vous dites là est fort juste ; mais
tout ce que vous prouvez, c'est qu'il y a peu
d'hommes libres, et qu'il n'y a proprement
que l'homme sage qui le soit.

ALEXIS.

Je vous supplie, mon ami, à moins que
cela ne dérange trop vos opérations pour me
guérir, dites-moi distinctement quel est le
sage à votre avis?

DIOCLÈS.

Le sage, mon cher Alexis, pour me servir de vos expressions, c'est celui qui ne
souffre point d'idées ou de sensations prépondérantes, à moins que son intellect et
son moral ne les aient approuvées après un
mûr examen. C'est celui qui n'est jamais as-
servi par son imagination ou sa sensibilité
morale ; celui qui ne se sert ni de l'une ni
de l'autre que pour jouir, ou pour en ren-

forcer au besoin son activité, sa faculté de pouvoir vouloir. Vous avez raison d'attribuer les actions de tous les animaux et de la plupart des hommes, à quelques idées prépondérantes qui assujettissent toutes leurs facultés.

Dans l'instinct proprement dit, l'idée qui gouverne est absolument prépondérante, étant unique.

Dans le fanatisme elle l'est également. Lorsqu'à Delphes on mène la Pythie vers le trépied, et qu'elle s'approche avec répugnance du bassin sacré où elle va se mettre pour recevoir le dieu, tout son corps devient pâle et blême, et elle tremble déjà de tous ses membres. Arrivé enfin à l'endroit même où elle doit rendre les oracles, toutes ses facultés sont en désordre et la quittent. Son corps se gonfle, ses poings se ferment, ses bras se démènent, ses yeux enflammés roulent vaguement dans sa tête sans se fixer sur aucun endroit. La convulsion est universelle. Sa bouche ouverte est pleine d'écume, sa voix creuse et rauque sort du fond de son sein ; tout enfin prouve évidemment que la Pythie n'est plus, et que c'est ou le langage du dieu qui l'agite, ou l'idée de ce dieu qui la maîtrise.

Dans la fureur, voyez le fils de Telamon écorcher le bétail qu'il prend pour Ulysse, ou les Atrides ; l'infortuné Athamas qui écrase son fils Léarque et poursuit Ino et Mélicerte, les prenant tous pour des lions.

Dans la folie, voyez l'Athénien hypocondre qui se rend tous les jours au port de Pirée, et tient registre de tous les vaisseaux qui y entrent et qui en sortent, s'imaginant que ce sont les siens.

Quant au préjugé, sa force est terrible. C'est une idée forte, vive, isolée et éloignée des idées communes, qui se met dans la tête de l'enfant ou d'un homme peu éclairé. Elle ne trouve dans ce cerveau tendre ou vide aucunes idées homologues avec lesquelles elle pourroit être mêlée ou comparée. Toute isolée, elle y croît comme un chêne superbe au milieu des arbrisseaux qui l'environnent de loin. — Mais, Alexis, n'avez-vous jamais fait le voyage de l'île de Crète ?

ALEXIS.

Non, jamais.

DIOCLÈS.

Lorsque vous arrivez à Gnossus, il n'y a point de Crétois qui ne vous montre avec un saint respect le sépulcre de Jupiter ; tous l'ont appris ainsi dès leur enfance. Le poëte a beau dire : « Oh , roi Jupiter ! les Crétois « sont toujours menteurs. Les Crétois disent « qu'ils t'ont érigé un tombeau ; or, tu n'es « pas mort , car tu es éternel. »

L'antiquaire a beau leur dire . « Crétois, « vous êtes dans l'erreur. Ce sépulcre est « celui de Minos ; et ce qui vous trompe, « c'est le temps qui a effacé deux mots de « l'épitaphe. » Quel Crétois ne se fera pas tuer pour revendiquer à sa patrie la gloire d'un monument aussi célèbre !

Il est assez indifférent , à tout prendre , ce que le peuple de l'île de Crète pense de Jupiter ; mais ce qui l'est moins, Alexis , c'est que les philosophes mêmes sont sujets à ce mal.

Pour achever l'histoire du préjugé , il faut vous raconter , quelque honte que j'en aie, ce qui m'est arrivé il y a peu de mois. Mais cela restera entre nous.

Je me promenois vers Sunium avec Aristée , Autolycus, Chrysothemis l'Épicuréen à longue barbe, et Calliclès qui est du Portique.

Nous n'avions fait que peu de chemin, lorsque Calliclès et Chrysothemis étoient déjà aux prises sur la vertu, le beau, l'honnête, la volupté, etc. ; ce qui me rendit attentif. Je remarquai bientôt dans chacune de ces deux têtes, que toutes les idées qui s'y trouvoient, avoient le ton et la couleur de l'idée principale du système qu'on y avoit fourré dès leur jeunesse ; et comme ces systêmes étoient à-peu-près diamétralement opposés, il étoit impossible que les idées de l'un pussent entrer dans la tête toute remplie et préoccupée de l'autre. Par conséquent, ils ne se comprenoient point du tout ; et quoiqu'ils criassent souvent tous deux à-la-fois, ni l'un ni l'autre n'écoutant que ce qu'il avoit dit lui-même, chacun fut persuadé d'avoir convaincu son adversaire, et l'on se sépara pour cette fois content et sans se faire de mal. Quelques jours après, Autolycus célébra la naissance de son petit-fils. Nous fûmes tous de cette fête ; et Autolycus, par malice peut-être (dont il fut cependant très-bien payé), plaça Chrysothemis et Calliclès à table l'un à côté de l'autre. Bientôt la dispute recommença. Tout alla bien tant qu'ils ne se comprirent point, et que par conséquent ni l'un ni l'autre ne put heurter le galimatias de son antagoniste ;

mais à la fin à force de crier et de répéter
ce qu'ils appeloient leurs axiomes, quelques
idées de l'un pénétrèrent dans la tête de
l'autre. Vous croyez apparemment que c'é-
toit un bien, et que cela devoit mener à la
conviction. Il s'en falloit beaucoup, mon
cher Alexis; car le peu d'idées qui entrèrent,
ne trouvant dans cette nouvelle tête, pleine
et préoccupée, aucune idée analogue ou
amie avec laquelle elles auroient pu se lier
et faire corps, elles ne firent qu'embrouiller
les autres et mirent le désordre et la confusion partout. Calliclès, qui sentit le premier
de l'extraordinaire dans sa tête, empoigna
d'une main la barbe de Chrysothemis, et
étendant de toute sa force les doigts de l'autre,
il tâchoit de lui crever un œil ; mais Chrysothemis trouvant heureusement un gigot
devant lui, en donna un coup si violent sur
le visage du Stoïcien, qu'il lui fit lâcher
prise.

Cette scène auroit été sanglante sans Autolycus, qui se mit entre les deux antago-
nistes, en s'exposant bravement aux coups
de l'un et de l'autre, et leur criant qu'ils
étoient des sages, et qu'ils devoient avoir
honte.

ALEXIS.

Comment est-il possible? des philosophes!

DIOCLÈS.

Oui, mon ami. Mais respectons la philosophie, et n'en dites rien à personne.

ALEXIS.

Vous voyez par-là la force indestructible du préjugé. Plus cette idée forte qu'on reçoit dans l'enfance ou dans la jeunesse, ou dans une imagination peu meublée, est étrange, merveilleuse, incompréhensible, incompatible, avec les idées qui se trouvent dans la tête, plus elle sera sacrée, prendra racine, se consolidera, et attirera à elle dans une tête active, toutes les idées qui l'environnent, comme un aimant qui s'approprie toutes les particules de fer qui l'entourent, et ne s'en laisse dégager qu'après les avoir toutes imprégnées de sa propre vertu. Je parle ici des têtes même bien composées, et non de celles où l'intellect imbécile laisse l'imagination inculte, et les idées en proie à l'empire du hasard.

Vous voyez encore que lorsque le préjugé ou les idées prépondérantes dans deux têtes diffèrent totalement, les idées de l'une, voulant entrer dans l'autre, s'en écoulent tout de suite, sans y faire proprement ni du bien ni du mal; et tout l'effet que cette différence pourra produire sera ou la pitié ou le mépris, selon les gens. Mais lorsque les idées ne sont pas si hétérogènes ou disparates, elles entrent plus ou moins dans l'autre tête et entament quelques-unes des idées qui s'y trouvent, en se mêlant plus ou moins avec elles, et en mettant ainsi le désordre parmi les autres. C'est la sensation désagréable de ce désordre; la perception tacite de la possibilité que l'idée prépondérante, l'idée, reine elle-même, pût courir risque jusqu'au fond de son trône, qui fait naître, non les passions inertes de la pitié ou du mépris, mais les fureurs de la haine, et les plus cruelles persécutions.

Il y a dans l'homme, mon cher Alexis, un principe élevé de beaucoup au-dessus de toutes les facultés de son ame; un principe qui les voit toutes, les mesure, les juge, les corrige, les compose, leur ôte ou leur donne de l'activité et de l'harmonie à proportion de sa propre valeur; un principe qui constitue uniquement la personnalité de l'homme. Et la mesure de l'indépendance et de l'énergie de ce principe, est la mesure de sa sagesse.

ALEXIS.

Mon cher Dioclès, c'est à présent que je conçois pourquoi il y a si peu de sages ; ou plutôt qu'il n'y en a point.

DIOCLÈS.

Vous vous trompez, Alexis ; il y en a beaucoup plus que vous ne pensez. Car puisque la sagesse consiste dans l'harmonie et dans le juste emploi des facultés, et qu'il est moins aisé d'en bien manier de grandes que de médiocres ; il est évident qu'il faut chercher les sages parmi les hommes médiocres, qui font partout le plus grand nombre. Lorsque la sagesse accompagne les grandes facultés , c'est l'apparition d'un dieu parmi les hommes.

ALEXIS.

Mais, mon ami, le sage aux grandes facultés, ne seroit-ce pas un être inutile ou malheureux sur la terre, puisqu'il n'y trouve rien d'analogue à sa grandeur ? Le premier trait de sa sagesse, ne seroit-ce pas de changer de demeure ? Apollon sur les bords de l'Amphryse, gardant des troupeaux, ne se trouvoit guère à sa place.

DIOCLÈS.

Oh l'ignorant! c'est justement sur les bords de l'Amphryse qu'Apollon se fit le dieu de l'harmonie; c'est sur ces heureux bords qu'il inventa cette lyre puissante qui déifie les héros, et anime les fêtes des dieux immortels. Le sage aux grandes facultés est partout à sa place, et s'il lui étoit permis de descendre aux enfers, il y mettroit l'ordre et le bonheur. On dit que pendant le peu d'instans que le sage et divin Orphée se trouva dans cet affreux séjour, tous les tourmens des malheureux cessèrent, et Sisyphe, Tantale et les Danaïdes eurent du relâche. Voilà les effets des émanations du sage. Je ne vous parle pas de ce qu'il en sent dans lui-même ; vous le sentez, Alexis.

ALEXIS.

Hélas! je sens la vérité de ce que vous dites, et voilà tout ce que je sens. — Mais vous, mon cher Dioclès, ne sentez-vous pas que nous nous écartons furieusement de notre chemin? Au nom des dieux retournons sur nos pas, et menez-moi à cet âge d'or où j'aspire.

DIOCLÈS.

O Mnémosyne, féconde mère des Muses, je t'invoque en ce jour!

ALEXIS.

Pourquoi ?

DIOCLÈS.

Pourquoi ! savez-vous bien que nous lui devrons toute une mesure d'encens, vous et moi, si elle daigne nous rendre le fil que nous avons perdu ?

ALEXIS.

Dioclès, ce n'est pas parce que je suis un impie que je le dis ; mais je m'engage à vous rendre le bout du fil à beaucoup moins de frais.

DIOCLÈS.

Hé bien, voyons.

ALEXIS.

Vous avez dit qu'il y a également dans l'homme et dans l'animal un instinct que j'ai appelé un principe de perfectibilité, qui étoit nécessairement le composé de la sensation d'un besoin et de celle d'un objet qui pourroit le remplir ; et que ce composé, ce principe, se trouvant seul dans la tête ou dans l'ame de l'animal ou de l'homme qui vient de naître, détermine nécessairement la velléité en volonté active, qui dirige cet homme ou cet animal vers la jouissance ; c'est-à-dire, vers un état plus heureux que celui dont il jouissoit; vers un meilleur, analogue à sa nature. N'est-ce pas là le bout du fil, que nous avions perdu ?

DIOCLÈS.

En vérité, mon ami, vous me remettez sur la route. En considérant à présent les premiers momens de l'existence de l'homme et de l'animal, nous trouvons que la sensation du besoin est également déterminée dans l'un et dans l'autre; et l'objet qui pourroit y satisfaire est purement physique. Le premier désir de la nourriture rempli, l'homme et l'animal dorment et végètent jusqu'à ce que de nouveaux besoins font naître de nouveaux désirs. Les organes, en attendant, se fortifient et s'exercent. L'idée de l'objet se détermine de plus en plus. Cette idée ne se formant probablement, dans le commencement que par le moyen de l'odorat, se forme déjà par celui du tact, de la vue et de l'ouïe, et acquiert par-là différentes formes. L'imagination s'enrichit, et voilà de quoi déployer l'activité de l'intellect pour lier, comparer et composer des idées. Le premier défaut que l'homme et l'animal aperçoivent dans la nature, et qui leur fait de la peine, c'est qu'elle n'est pas toujours également prête à leur fournir le nécessaire au moment même du désir, et qu'elle paroît avoir mis des obstacles à leurs jouissances, soit dans les lois physiques universelles, soit dans les intérêts des différentes espèces qui semblent souvent se croiser ; et ces inconvéniens obligent les hommes et les animaux, ou la plupart d'entre eux, à quitter souvent leur demeure pour suivre les saisons dans d'autres climats, à se garantir des injures de l'air, et à se défendre contre ceux qui les surpassent en force et qui voudroient les détruire. Lorsque l'homme et l'animal sont parvenus enfin à se procurer, le mieux que possible, les objets de leurs besoins, au moment que la sensation de ces besoins les appelle, ils jouissent autant et aussi souvent qu'ils peuvent jouir: par conséquent ils sont heureux ; et pour l'animal, c'est-là son âge d'or parfait.

A L E X I S.

Je le conçois ; mais est-ce là de même cet âge tant vanté pour l'homme ?

D I O C L È S.

Oui. Mais souvenez-vous, je vous prie, que l'homme a la faculté de jouir dans son semblable, et qu'ainsi en évaluant en général le bonheur de l'homme et celui de l'animal, vous trouverez le dernier égal à l'unité; tandis que celui de l'homme est l'unité multipliée par tout ce qui est heureux.

ALEXIS.

— Le malheur, vous l'évalueriez de la même manière, je compte? — Mais d'ailleurs, je ne vois tout au plus dans ce tableau que l'état de quelques pâtres, ou bien celui des habitans de l'Attique avant que Thésée les eût rassemblés; et si vous n'avez d'autre siècle de Saturne à me peindre, vous ne prétendrez pas avoir justifié Hésiode et vos poëtes?

DIOCLÈS.

— Lorsque vous avez fait le tour de la Grande-Grèce, y avez-vous fréquenté quelques-uns des Pythagoriciens les plus célèbres?

ALEXIS.

Non. — Pourquoi me le demandez-vous?

DIOCLÉS.

Parce qu'alors j'aurois peut-être moins de peine à vous éclaircir sur l'âge d'or.

ALEXIS.

—J'ai vu peu de philosophes de cette secte. Non, que je ne la respecte infiniment ; mais aussitôt que j'ai cru entrevoir les différens buts de Pythagore et de Socrate, je me suis déterminé pour le dernier.

DIOCLÈS.

De quel buts parlez-vous ?

ALEXIS.

Socrate, à ce qu'il me semble, se proposa de rendre chaque homme aussi parfait que sa nature le put permettre, ce que je crois possible ; tandis que Pythagore vouloit rendre quelque peu d'individus absolument parfaits, afin que gouvernant les autres ils fussent tous heureux, ce qui me paroît une injustice et une chimère.

DIOCLÈS.

Cela est très-bien vu, mon cher Alexis. — Mais enfin, ce but de Pythagore l'obligea de séparer le petit nombre de ses élus du reste des hommes, et d'envelopper l'étude de la sagesse dans des mystères et des secrets ; ce qui est la cause que cette école est en possession de plusieurs connoissances très-importantes, qui n'ont pas été divulguées.

— Vous connoissez apparemment de réputation cet Archytas, qui ne fut pas seulement, comme l'Agamemnon d'Homère, un grand chef de peuples et un grand capitaine, mais encore un très-excellent philosophe ?

ALEXIS.

Vous parlez du Tarentin sans doute, l'illustre ami de Platon ?

DIOCLÊS.

De lui-même. Or, cet Archytas avoit coutume de raconter à ses intimes amis, que lorsque Pythagore voyagea dans la Phénicie, il se rendit à Byblos, moins pour y contempler les anciens débris de cette ville célèbre, dont Saturne est le fondateur, que pour y entendre un vieux prêtre d'Adonis, qui étoit fort instruit dans la science des astres et qui avoit la réputation d'être plus éclairé que les autres hommes.

Il lui apprit les mystères de la grande fête d'Adonis, qu'on célèbre annuellement les jours que le fleuve qui porte son nom, venant du mont Liban, et se jetant près de Byblos dans la mer, lui donne une couleur de sang jusques sur les côtes du Delta: fête à laquelle les Egyptiens et les Assyriens viennent participer avec une pompe merveilleuse. Il lui dit que tous les ans, à certains jours, le bel Adonis reparoît sur la montagne pour s'y divertir à la chasse comme autrefois, que tous les ans un monstrueux sanglier vient de nouveau le blesser à la cuisse, comme il arriva dans ce jour à jamais lamentable qui coûta tant de pleurs à la déesse de la beauté; et que le sang qui sort chaque fois de la plaie nouvelle, se mêlant avec les ondes du fleuve, est la cause de cette teinte rouge annuelle de la mer.

ALEXIS.

Dites-moi; par Jupiter, est-ce que Pythagore croyoit ces misères?

DIOCLÈS.

J'en doute; mais si Pythagore les eût apprises dès le berceau comme le prêtre, il les eût crues apparemment, tout comme un autre.

ALEXIS.

— Que l'homme est foible.

DIOCLÈS.

Oui, dans l'enfance.

ALEXIS.

— Vous avez raison. Mais, je vous prie,

quel fond voulez-vous que je fasse, après un tel début, sur la suite des leçons de ce prêtre?

DIOCLÈS.

Il ne seroit pas extraordinaire, mon cher Alexis, que ce prêtre fût très-sage dans tous les autres cas, ce seul article excepté, qui par le temps et l'exercice auroit pu se changer chez lui en instinct. — Mais pour vous tirer d'embarras, il n'est guère probable que ce sage vieillard ait cru lui-même ce que je viens de vous rapporter; car il ajouta que ce qu'il venoit de dire, il ne l'avoit dit qu'en qualité de grand pontife, mais que les philosophes donnoient pour raison de ce phénomène un vent d'est très impétueux qui pendant six ou sept jours de l'année, règne dans les environs du mont Liban; et que ce vent chasse une quantité prodigieuse de sable rouge de la montagne dans le fleuve qui passe et serpente à ses pieds, et qui charrie ensuite ce sable jusque dans la mer qui baigne les côtes de la Phénicie et de l'Egypte.

ALEXIS.

Voilà ce que je comprends. Continuez, je vous prie.

DIOCLÈS.

Il fut le premier qui apprit à Pythagore
que le globe de la terre fait le tour du soleil
dans un grand cercle dans l'espace d'une année; que la terre tourne autour de son axe
dans un jour et une nuit de l'occident à l'o-
rient ; ce qui est la cause, à ce qu'il disoit,
du mouvement apparent de tous les astres
de l'orient vers l'occident. Il lui apprit les
causes du changement des saisons. Il lui dé-
veloppa le cours des planètes, ainsi que des
comètes, dont il prédisoit les retours à la
manière des Chaldéens. Enfin, lorsqu'il en
vint à la lune, Pythagore se plaignit au
vieillard de la vanité extravagante des Arcadiens, qui se disoient le plus ancien peuple
de la terre, comme étant beaucoup antérieurs à la lune; et là-dessus le prêtre lui
dit ces paroles remarquables : Pythagore ,
c'est de l'ignorance de vous autres Grecs que
vous deviez vous plaindre. Doués de trop
d'esprit, vous avez dérouté votre génie, qui
s'est exercé sur les riches fantômes de votre
brillante imagination, et a perdu le sentier
de la simple vérité. Vous avez entortillé la
vérité de tant de fables, aussi absurdes que
riantes , qu'elle s'est perdue entièrement à

vos yeux ; et ceux d'entre vous dont le bon sens a rougi de ces rêves, et qui ont voulu connoître ce qui reste encore de l'antique vérité, ont dû s'expatrier, afin de retrouver chez ceux que vous appelez des barbares, le trésor que vous aviez perdu par votre pétulante étourderie. Les Arcadiens ne se vantent de rien qui ne soit vrai. La terre fut habitée plusieurs siècles avant que la lune vînt l'éclairer. Dans ce temps son axe étoit perpendiculaire sur le plan de son orbite ; ainsi, ses deux pôles étoient également éloignés du soleil. Les jours et les nuits étoient égaux partout. Il n'y avoit point de saisons ; il n'y avoit que des climats. Chaque zone de la terre conservoit toujours le même degré de chaleur sans subir le moindre changement. L'action simple du soleil rendoit le flux et le reflux des mers plus réguliers et plus tranquilles ; et les fluides dans les corps des animaux et des plantes conservoient leur volume et leur densité. Il ne pouvoit y avoir d'autre vent que le zéphir, par le mouvement uniforme et journalier de la terre de l'occident vers l'orient. Rien ne pouvoit altérer l'atmosphère. Chaque animal et chaque plante devoient naître à l'endroit le plus propre à leur nature. Les arbres étoient toujours également chargés de fruits, de fleurs et de verdure, et la riche fécondité de la terre ne trouva point d'obstacle à ses productions infinies dans la vicissitude des saisons. L'égalité constante de la nature offroit des herbes et des fruits beaucoup plus nourrisans, dont les espèces ont dû être détruites par la succession rapide des saisons. L'homme et l'animal trouvoient partout leurs alimens autour d'eux; ni l'un ni l'autre n'étoient jamais réduits à la triste nécessité de chercher une affreuse nourriture dans le sang ou dans les viscères de leurs semblables. Rarement l'homme quittoit la zone qui l'avoit vu naître; puisqu'il ne se trouvoit nulle part aussi bien que chez lui. Chaque homme se croyant l'être le plus heureux de la terre, toute ambition, tout esprit de propriété ou de conquête étoit impossible. Le commerce même eût été absurde; car il n'y avoit rien sur la terre qui, en changeant de place, n'eût paru inutile ou sans valeur. Tous les hommes devoient se ressembler dans une catégorie aussi homogène; l'homme se voyoit lui-même dans chaque individu de son espèce qu'il rencontroit, et comme il se croyoit plus heureux que tout autre, le but de ses désirs étoit de rendre tout autre être, en qui il se reconnoissoit, aussi heureux que lui. C'étoit alors que le langage étoit absolument parfait, n'ayant d'autres mots ni d'autres signes, que ceux que les fortes affections internes obligèrent les organes à manifester par la parole et le geste.

Si nous réfléchissons à la difficulté infinie que nous trouvons souvent à exprimer à d'autres nombre de sensations délicates ou sublimes, dont nous avons pourtant une conscience réelle, il est aisé de comprendre combien parfaitement les hommes identifioient alors leur intellect avec celui d'un autre ; combien les expressions d'un bonheur, d'une jouissance, de l'amour, d'un hymne à la divinité, devoient être alors claires et énergiques ; combien alors les sciences devoient être lumineuses, n'étant administrées qu'au moyen de signes, dont le parfait accord avec les objets qu'ils représentoient, rendoit absurdes toute élocution figurée et tous ces mots empruntés afin de rendre foiblement des idées, qui n'agissent plus assez sur nos organes débiles pour y produire des effets expressifs. On dit que dans ces temps un seul soupir, un mot, un geste, qui maintenant n'est qu'un signe imparfait, vague ou équivoque de nos intimes sensations, étoit l'empreinte vive, pure et parfaitement complète et arrondie de l'état de l'ame nageant dans une mer de volupté, dont chaque onde, quelque foible ou délicate qu'elle pût être, faisoit sentir sa bénigne impulsion. Il est évident que des imaginations aussi pures, aussi vives et adaptées à recevoir et à rendre les sensations les plus fines et les plus légères, étoient bien plus distinctement affectées de la toute-présence de la divinité; et l'ignorance absolue du malheur, destitua leur moral de ce ton d'effort et de victoire, qui nous paroît du lustre et de l'éclat dans notre état présent, comme l'étoile Syrius nous paroît étincellante dans les ombres de la nuit. Ce fut alors que l'homme, pour qui tout mal et toute crainte étoient absurdes, quitta la vie comme il quitta la veille, ou plutôt le sommeil, et jeta son corps comme un fruit qui se forme jette la fleur qui l'annonça.

Voilà l'état heureux de l'homme avant l'apparition de la lune. Lorsqu'elle vînt des régions lointaines passer dans le voisinage

du soleil, elle n'échappa pas à l'œil observa-
teur de l'homme. Elle parut petite, traînant
après elle une longue queue de lumière. Son
mouvement devint rapide de plus en plus,
jusqu'à ce qu'on la perdît dans les rayons du
grand astre. La première fois qu'on la vit
reparoître à son retour du soleil, elle avoit
l'apparence de l'étoile du matin, mais environnée d'une épaisse atmosphère et pré-
cédée d'une courte chevelure. Comme elle
s'avança presque directement vers la terre,
elle parut à-peu-près immobile au même endroit du ciel; mais sa grandeur augmentant,
on la vit plus flamboyante, et on jugea
qu'elle s'approchoit de jour en jour et d'heure
en heure. On s'aperçut bientôt d'un mouvement irrégulier dans les eaux, qui se gon-
flant franchirent leurs bords, et dont les
surfaces étoient sillonnées d'écume. Une al-
tération étrange se fit sentir dans l'intérieur
des corps de tous les animaux, par un désordre inconnu dans leurs fluides. Des taches
salirent ce ciel azuré dont la pureté n'avoit
jamais reçu d'atteinte; les premiers nuages
se formèrent. Ce qu'on voyoit encore des
étoiles, parut avoir changé de place; car l'axe
de la terre étoit déjà incliné, et ses parties

les plus pesantes penchoient par une force attractive vers cette masse nouvelle sans qu'on s'en fût aperçu. La terre, qui n'avoit jamais été humectée que par la rosée du matin, se vit inondée par des eaux qui tomboient du haut des cieux. Le mouvement simple et uniforme du globe qui avoit empêché jusqu'alors les matières différentes qu'il portoit dans son sein, de se mêler, de se combattre et de fermenter ensemble, étant détruit et altéré, le nitre, le soufre, le feu, tout se trouva confondu. De noires vapeurs s'élevèrent. Le feu des éclairs sillonna, pour la première fois, l'obscure et vaste voûte du ciel. L'effroyable fracas du tonnerre se fit entendre. Bientôt la croûte épaisse de la terre creva dans cent endroits pour donner passage au désordre qui la tourmentoit de toute part en dedans. Tous les élémens furent en confusion, et leur indigeste mélange fit naître des matières mixtes, bâtardes et de nature équivoque. L'air, se sentant pressé de côtés opposés, s'agita et chercha, en mugissant, des issues dans des directions différentes. Chaque souffle terrassa les plus épaisses forêts. Des millions d'hommes et d'animaux périrent dans cette catastrophe effrayante. Ceux qui, par quelque heureux ou malheureux hasard, s'étoient accrochés à des troncs d'arbres arrachés du sein de la terre et flottans sur la surface des eaux qui couvroient déjà toute cette scène d'horreurs, se trouvoient dans un affreux repos. Ils ne virent qu'une mer en fureur, un ciel étrange et impur, et la lumière douteuse et livide de ce corps hideux, principe terrible de leurs souffrances. L'homme, qui peu auparavant adoroit dans chaque astre, dans chaque fleur, dans chaque frère, à chaque aurore, un dieu propice dont le soleil parut le plus parfait symbole, crut voir dans cet astre nouveau celui d'un dieu vainqueur, plus puissant que le sien; dieu malfaisant de destruction et de ténèbres; ce qui fut la première source de la folle idée d'un bon et d'un mauvais principe. Les cris des hommes et des animaux furent un nouveau langage qu'on avoit le malheur de comprendre par les fortes sensations réciproques. La terreur, l'épouvante, une frayeur stupide prirent la place de la plus douce tranquillité. L'homme vit pour la première fois la mort sous un nouvel aspect, comme un état forcé : ce moment de passage, ce moment voluptueux, ce moment jadis semé de fleurs, et embelli, non par l'espérance que l'homme ne connoissoit pas, mais par la sensation infaillible et distincte d'un futur naissant et visible, plus délicieux encore que le passé et le présent; ce moment même lui parut le comble de toute horreur : car ces temps où il se forgea, pour sa triste consolation, l'idée absurde d'un anéantissement impossible, n'étoient pas encore venus.

Enfin, la terre haletant encore de ses souffrances, les élémens commencèrent à se remettre. La lune se défit de son atmosphère et de sa chevelure, et étant réduite, par ces horribles feux empruntés d'un soleil trop voisin, à une tête morte, essence inerte et d'une éternité inutile, la grande loi de la nature fixa l'équilibre entre elle et la terre, et statua qu'elle nous accompagneroit à jamais.

Pendant des siècles, l'homme déplora son sort, et parvint à peine à maintenir sa précaire existence. Les contradictions apparentes qu'il avoit vues dans la nature en travail, le firent errer long-temps dans une lueur douteuse entre le vrai et le faux, entre le bien et le mal. Stupide et étourdi ayant perdu les signes du vrai, il n'embrassa que le merveilleux, ombre vaine de sa grandeur passée. Arrivé depuis à des momens plus tranquilles et susceptible de réflexion, l'homme commença plus ou moins à se re-connoître. Le sage s'apprivoisa avec ses maux ; et comme le beau est moins dans la nature de l'objet, que dans la façon d'aper-cevoir de l'homme, quoiqu'accoutumé jadis, au moyen de sensations plus riches et plus distinctes, à trouver le beau avec facilité dans des objets plus harmonieux, il par-vint avec le temps à voir dans des objets beaucoup plus discordans et plus hétéro-gènes, un beau plus vague et moins sûr qu'autrefois, mais le seul possible dans la catégorie présente. Enfin, le sage sentit du beau et du sublime jusque dans ces objets d'horreur aux yeux de ses pères, et il en conclut que cette grande catastrophe phy-sique, et les beaux temps qui l'avoient pré-cédée, étoient également étrangers à son être et assujetties à ses contemplations.

Voilà, mon cher Alexis, autant que je m'en souviens, le discours d'Hypsicles, (c'é-toit le nom du prêtre) ; et en vérité si nous considérons que la mort, le mal, le vice, et

la douleur sont des choses contre notre nature, et que nous nous sentons presque
toujours susceptibles d'un plus grand bonheur que celui dont nous jouissons ; si nous
réfléchissons à tant de contradictions qui
paroissent si souvent dans nos actions, dans
nos pensées, et dans nos désirs ; à ces notions vagues et obscures que nous avons de
certains objets dont la conviction la plus intime et la plus parfaite nous démontre la
réalité ; à la bizarrerie de nos cultes si disparates en apparence ; à la nature de la plupart de nos sciences qui ont des interstices,
des lacunes, des vides partout ; tandis que
la géométrie et nos sens [1] nous prouvent que
nous sommes capables de savoir et de sentir
la chaîne, la cohésion des vérités intégrantes
qui constituent une partie de la grande vérité, est-il possible, mon cher Alexis, de ne
point sentir la grande probabilité qu'il y a
que nous avons perdu des sens, ou plutôt
des véhicules d'action qui leur étoient analogues, au moyen desquels les idées et les
sensations intermédiaires faisoient jadis un
tout ou un total de notre savoir borné, dont

[1] Voyez Sophyle, ou de la philosophie, tome I.

il ne reste plus aucun vestige que dans les traditions plus ou moins altérées de notre ancien état? Est-il possible de refuser toute croyance au discours d'Hypsicles, duquel Pythagore lui-même daigna se faire le disciple? Dites-moi, je vous supplie, cher Alexis, qu'en croyez vous?

ALEXIS.

— Je vous avoue que ce discours du prêtre, joint à vos réflexions, me surprend et me frappe. Oui, je le crois d'une certaine façon, mais qu'il est difficile d'exprimer. — Je crois à son âge d'or sur son discours, comme je croirois à l'existence d'un corps que je ne verrois pas, en voyant la figure d'une ombre bien terminée.

DIOCLÈS.

N'oseriez-vous pas conclure de l'ombre que vous voyez, à l'existence du corps qui en est la cause?

ALEXIS.

Non, assurément; ni vous non plus, si je vous connois; car l'ombre que je vois n'est qu'une apparence qui pourroit n'être qu'une production de l'art.

DIOCLÈS.

Hé bien, vous en concluez du moins à la probabilité ?

ALEXIS.

Pas davantage; mais à la possibilité, et c'est tout ce que je puis faire.

DIOCLÈS.

Mais, mon cher, si vous comparez l'histoire à une ombre et que vous concluiez toujours ainsi, que deviendra alors l'histoire, et la croyance que vous lui accordez ?

ALEXIS.

Si je suis assuré que l'histoire est une ombre, j'en conclus hardiment à la vérité de l'événement qu'elle représente; mais lorsque j'ai lieu de la croire factice, comment voulez-vous que je fasse autrement que je ne fais ? Supposons qu'un peintre habile peigne devant vous, sur le parvis de ce portique où donne le soleil, l'ombre de Minerve ou de Diotime, il vous sera aisé d'en conclure que la déesse ou son amie se trouvent probablement derrière vous quelque part. Mais si le peintre y traçoit l'ombre d'un centaure que vous n'avez jamais vu, vous n'en concluriez pas avec la même confiance que le centaure

puisse s'y trouver. Vous croirez plus aisément à la guerre du Péloponèse que Thucydide vous raconte, qu'à celle des Titans et
des dieux. Thucydide vous donne l'ombre
vraie d'une chose qu'il voit et qu'il éclaire ;
Hésiode vous peint des ombres des choses
qui n'existent que dans son imagination et
qui me paroissent très-absurdes ; et pour
Hypsicles, j'ignore s'il me donne des ombres
vraies de choses vraies, ou s'il m'en peint
des choses, qui ne me paroissent qu'assez
vraisemblables. Ainsi, mon cher, votre Hypsicles pourroit bien n'être qu'un poëte un
peu plus raisonnable qu'Hésiode ; et vous
paroissez proprement vouloir me prouver
la vérité de la fable très-absurde d'Hésiode
par la vraisemblance de la fable moins absurde d'Hypsicles. Vous riez ; mais sachez
que si je fais trop le difficile, c'est votre ouvrage et celui de votre Socrate.

D I O C L È S.

Si vous n'étiez que difficile, à la bonne
heure ; mais si vous faites trop le difficile,
ce n'est pas là notre ouvrage.

A L E X I S.

Ma seule difficulté, mon cher Dioclès,

c'est que je dois me méfier des vérités qui ont passé par les mains enchanteresses des poëtes. Ils n'aiment la vérité que d'un amour impur et pour en abuser. La belle leur est inaccessible : elle fuit à leur approche ; elle change ; elle se dissout en mille parties, dont à peine ils attrapent quelques-unes et qu'ils corrompent encore, mais le beau total leur échappe.

DIOCLÈS.

Que le dieu Pan ne nous écoute, cher Alexis ! Car c'est lui qu'ils imitent.

ALEXIS.

Comment?

DIOCLÈS.

Vous savez sa passion pour la jeune fille du fleuve Ladon ?

ALEXIS.

Hé bien !

DIOCLÈS.

Lorsqu'à l'approche de ce dieu la belle Syrinx se changea en mille roseaux, il en coupa autant qu'il put, et en fit des flageolets qui amusent les nymphes, les faunes et les dryades.

ALEXIS.

Ils feroient mieux d'imiter Jupiter, qui des morceaux du petit Pelops refit un Pelops.

DIOCLÈS.

C'est-là le métier du philosophe, mon cher
Alexis, et ce qui rend ce métier si difficile,
c'est l'épaule du petit Pelops qui manque;
car pour la remplacer il faut un Jupiter. —
Mais écoutez. — En vérité, je ne conçois pas
quel préjugé vous anime contre la divine
poésie. Savez-vous bien qu'aux champs Elysées, Thalès, Pythagore, Socrate et Platon,
et Linus, Orphée, Hésiode et Homère sont
toujours ensemble et ne se quittent jamais?
Dites-moi, je vous supplie (car il faut vous
guérir), en architecture combien d'ordres
y a-t-il?

ALEXIS.

Trois.

DIOCLÈS.

Vous admirez sans doute dans le dorique
la solidité; dans l'ionique la précision et l'é-
légance; et dans le corinthien la richesse et
la beauté?

ALEXIS.

Certainement.

DIOCLÈS.

Le dernier soutient-il moins bien le faîte
d'un bâtiment que le dorique?

ALEXIS.

Non, que je sache.

DIOCLÈS.

Est-il moins élégant et précis que l'ionique ?

ALEXIS.

Non sans doute.

DIOCLÈS.

Na-t-il pas la solidité du premier , l'élégance et la précision du second, et n'y joint-
il pas la richesse et la beauté ?

ALEXIS.

Sans contredit.

DIOCLÈS.

Quels sont les trois ordres qui soutiennent
le vaste édifice de toutes nos connoissances ?

ALEXIS.

Assurément, je ne le sais.

DIOCLÈS.

N'est-ce pas l'*histoire* qui rapporte les
faits ; la *philosophie* qui les démêle et y met
de l'ordre et de l'élégance ? Et quelle est , à
votre avis, le troisième ?

ALEXIS.

Vous voulez dire la *poésie ?*

DIOCLÈS.

Oui ; et c'est elle qui orne et enrichit les

deux autres, si vous trouvez ma comparaison assez juste.

ALEXIS.

Elle me paroît assez juste ; mais c'est une singulière façon de raisonner.

DIOCLÈS.

Pourquoi ? — En avez-vous d'autre, même en géométrie ? — Dans l'île de Lemnos vous voyez le mont Athos jusques dans la Macédoine : en dessinant un petit triangle sur le sable, et en le comparant avec un autre qui lui est semblable, vous savez la distance ou la hauteur de la montagne. N'est-ce pas là le même raisonnement ? — Votre comparaison de la vérité à Vénus toute nue, n'étoit pas juste, et c'est-là votre erreur. — La belle Vénus est décente. — Demandez à Homère qui la connoissoit. Elle se fit orner par les Graces, et sa ceinture n'ôta rien à sa puissance. Ne craignez pas que la poésie gâte rien à votre vérité.

D'ailleurs, ce n'est pas sans raison que la poésie est appelée le langage des dieux ; du moins c'est le langage que les dieux dictent à tout génie sublime qui a des relations avec eux, et sans ce langage nous ferions très-peu de progrès dans nos sciences. Quoiqu'il

soit honteux de défendre la poésie avec
d'autres armes que les forces de sa beauté, je
vais appeler à mon secours la philosophie,
qui lui doit assez pour ne pas l'abandonner
à la fureur de ses barbares ennemis.

ALEXIS.

Vous vous fâchez.

DIOCLÈS.

Un peu, puisqu'il le faut. — Mais dites-
moi ; toute idée, toute sensation, n'a-t-elle
pas quelque vérité pour premier principe ?
n'a-t-elle pas un prototype vrai dont elle est
l'empreinte fidèle plus ou moins forte, vive
ou distincte ?

ALEXIS.

Assurément.

DIOCLÈS.

Dans toute science, une nouvelle vérité
trouvée n'est-elle pas le résultat de la composition de plusieurs idées rapprochées ?

ALEXIS.

Oui.

DIOCLÈS.

Y a-t-il en géométrie des vérités senties
par les grands maîtres, avant d'être prouvées ? y a-t-il en rhétorique, en poésie, des
vérités, des beautés, des traits sublimes,

sentis et exprimés même avant que d'avoir été discutés ou examinés en détail par l'intellect ?

ALEXIS.

Oui ; je sens que cela est.

DIOCLÈS.

Et ces idées d'où résultent, ou qui constituent ces vérités ou ces beautés senties, qui est-ce qui les compose ?

ALEXIS.

En vérité, je ne le sais.

DIOCLÈS.

Cette composition doit se faire ou par le hasard, ou par la propre nature de ces idées, ou par un agent quelconque qui sait les diriger. — Seroit-ce peut-être par le hasard ?

ALEXIS.

Non sans doute ; puisqu'alors cela arriveroit aussi fréquemment dans la tête d'un fou, que dans celle d'un sage ; et de plus Platon ne seroit pas aussi souvent Platon.

DIOCLÈS.

Seroit-ce donc par la propre nature de ces idées ?

ALEXIS.

Cela ne se peut ; car il ne sauroit y avoir
des rapports actifs entre les idées en tant
qu'idées , pas plus qu'entre des ombres en
tant qu'ombres.

DIOCLÈS.

Ainsi , il ne nous reste pour cause qu'un
agent qui dirige et qu'il nous faut examiner.
Mais dites-moi premièrement, entre les
choses réelles dont les idées sont les idées
ou les empreintes fidèles, se trouve-t-il les
mêmes rapports qu'entre ces idées ?

ALEXIS.

Oui , sans doute.

DIOCLÈS.

Ainsi, le composé des idées représente ce
qui résulteroit effectivement d'une composition analogue dans les choses , avec autant
de vérité que chaque idée représente chaque chose individuellement et à part.

ALEXIS.

Cela est certain.

DIOCLÈS.

Par conséquent si cette composition idéale
forme de la beauté, il faut que la composition réelle, si elle existe, en forme de même?

ALEXIS.

Oui.

DIOCLÈS.

Par conséquent du moins ce qui fait le fond de la poésie ce sont des vérités ?

ALEXIS.

Oui , ce sont des vérités ou des possibilités.

DIOCLÈS.

Vous avez raison; mais vous verrez que cela revient au même dans notre recherche. — La beauté ne consiste-t-elle pas dans le nombre des idées, et le peu de temps requis pour les lier ensemble ou pour les composer ; ou bien dans la facilité, avec laquelle l'intellect peut embrasser un total quelconque ?

ALEXIS.

J'en conviens.

DIOCLÈS.

Par conséquent, si par quelque moyen les idées de plusieurs choses existantes ou possibles peuvent être rapprochées tellement , qu'elles sont presque coexistantes dans la tête pendant quelques instants, il est certain que l'intellect s'apercevra le plutôt des rapports entre ces idées , qui se laissent saisir avec le plus de facilité ; c'est-à-dire , des rapports qui constituent pour nous la beauté la plus riche, la plus vraie et la plus simple : et c'est la raison par laquelle ordinairement dans un homme de génie, la première idée est la plus belle , et la première expression la plus énergique. Ainsi, mon cher Alexis, c'est la faculté de rapprocher le plus et le mieux ces idées, qui fait naître le beau et le sublime, est qui montre les grandes vérités par intuition, pour ainsi dire, à ces ames qui par-là nous paroissent avoir des relations plus intimes avec la divinité. Mais si nous considérons cette faculté en nous-mêmes, dans ces heureux momens d'enthousiasme où nous arrachons au sein de la nature quelqu'étincelle du vrai ou du beau, nous trouverons que ce que nous y mettons de notre part est peu de chose. Ce n'est plus la marche prudente, exacte et compassée, plus ou moins lente ou rapide de l'intellect, que nous suivons ; nous prenons celle de la foudre de Jupiter qui, au moment qu'elle part, atteint. Tout ce que nous y observons de notre activité, c'est un effort vague et aveugle dont cette approximation d'idées est l'effet , et alors l'intellect

fait simplement son métier ordinaire: il con-
temple ce que l'imagination plus compacte
et plus dense lui présente dans ces instans,
et il l'imite fidèlement dans ses expressions.
Posons, Alexis, ce qui n'est pas certain,
que cette approximation d'idées, cette con-
densation de l'imagination, soit quelquefois
uniquement l'effet de cet effort inconnu; il
n'en est pas moins indubitable que très-souvent, sans cet effort, la même approximation se manifeste et nous montre du sublime
et du vrai bien au-delà de notre portée ordinaire. — Qui, dans ce dernier cas, est l'auteur ou la cause de cette heureuse approximation? Quel autre que celui qui fit chan-
ter Homère, et qui à Dodone ou à Delphes
nous instruit plus ou moins d'un futur incertain? Ainsi, vous voyez que la poésie,
soit qu'elle naisse de l'effort d'un grand génie, ou qu'un souffle divin la produise, préside à tous les arts et à toutes les sciences,
et qu'elle est non-seulement à l'auguste vérité ce que les Graces sont à l'Amour, mais
ce que l'Aurore est à la statue de Memnon
qu'elle éclaire, et qu'elle fait parler.

ALEXIS.

Mon cher Dioclès, je comprends à la

vérité une partie de votre raisonnement;
mais si vous voulez que je saisisse parfaitement votre idée, ce que je désire fort, ayez
la complaisance encore de répéter ce que
vous avez dit; mais de la façon la plus simple
et qui soit le plus à ma portée.

DIOCLÈS.

Il faut bien vous contenter. Mais comme
je ne crois pas pouvoir simplifier la chose,
je ne puis que vous rappeler à-peu-près ce
que j'ai dit. — L'acquisition d'une vérité
nouvelle, la sensation de nouveaux rapports
entre les choses, celle du beau et du sublime en tout genre, naissent-elles d'une
seule idée isolée et individuelle; ou faut-il
la composition ou le concours de plusieurs?

ALEXIS.

Il faut absolument le concours de plusieurs.

DIOCLÈS.

Lorsqu'il y a approximation ou concours
de plusieurs idées dans l'imagination, l'intellect a l'intuition de ces idées et de quelques-uns de leurs rapports, n'est-ce pas?

ALEXIS.

Oui.

DIOCLÈS.

Lesquels de ces rapports sont aperçus le plutôt par l'intellect?

ALEXIS.

Mais ceux qui sont pour lui les plus faciles à saisir.

DIOCLÈS.

Ce sont donc ceux qu'il peut saisir dans le moindre temps?

ALEXIS.

Assurément.

DIOCLÈS.

C'est-à-dire, ceux qui constituent le beau et le sublime?

ALEXIS.

Cela s'ensuit de ce que vous m'avez prouvé autrefois.

DIOCLÈS.

Ainsi, lorsque plusieurs idées qui ont entr'elles les rapports les plus directs et les plus sensibles, sont le plus près d'une coexistence absolue, l'intellect verra le vrai, le beau et le sublime le plus riche que ces idées lui pourront fournir.

ALEXIS.

Cela est vrai.

DIOCLÈS.

Pour voir ou pour sentir ce vrai, ce beau ou ce sublime, il ne faut donc que cette approximation des idées?

ALEXIS.

J'en conviens.

DIOCLÈS

C'est nous qui les rapprochons, ou quelqu'autre?

ALEXIS.

Certainement.

DIOCLÈS.

Lorsque c'est nous, nous faisons un effort vague qui n'a point de but déterminé, un effort dont la nature nous est même absolument inconnue, et que nous appelons enthousiasme; mais l'approximation de plusieurs idées en est la suite constante, et alors nous voyons le vrai, le beau et le sublime sans travail et sans peine, n'est-il pas vrai?

ALEXIS.

Absolument.

DIOCLÈS.

Mais lorsque cette approximation d'idées se manifeste sans aucun effort et que nous voyons le vrai, le beau et le sublime, et même l'avenir, sans la moindre opération de notre part, ne croyez-vous pas qu'une divinité s'en mêle, et que ce n'est pas à tort que nous appelons cela une inspiration?

ALEXIS.

— C'est à présent que je crois saisir votre idée. Vous jugerez vous-même si je me trompe. Je conçois pour la première fois ce que c'est que la poésie. Je sens que le raisonnement le plus profond, la marche la plus sage et la plus réfléchie de l'intellect, nous fourniroit très-peu de vérités nouvelles, si elle n'étoit soutenue, dirigée ou poussée par cet enthousiasme qui rapproche les idées. Je sens que c'est cette approximation qui offre à l'intellect les occasions d'employer cette intuition rapide qu'on appelle le tact. Je sens que notre ignorance parfaite de la nature de cet enthousiasme actif, qui nous paroît souvent se confondre avec l'action d'un agent étranger, justifie votre opinion que l'homme n'est pas ici tout ce que demande la nature d'un être complet, et que par conséquent l'espèce humaine pourroit bien avoir perdu dans une révolution antécédente, ou quelqu'organe (ce qui est moins probable), ou quelque véhicule de sensation; car il me semble qu'un être complet, quelque borné qu'il pût être, ou quelque

vue lointaine qu'il pût avoir d'une perfection éloignée dont il seroit susceptible, devroit avoir une connoissance plus juste et
plus arrondie de son état et de ses rapports.
Je vous avoue que le discours d'Hypsicles
non-seulement n'a plus rien qui me révolte,
mais qu'il me paroît même à présent d'une
fort grande probabilité.

S'il est vrai, comme vous dites et comme
je le sens, que la philosophie doit beaucoup
à la poésie, il l'est également, mon cher
Dioclès, que sous votre conduite elle n'est
pas ingrate. Je vous promets, et par une
raison particulière, que cet enthousiasme,
cette approximation singulière des idées,
cette source féconde de la vraie poésie sera
dorénavant le plus piquant objet de mon
étude et de mes recherches; mais je vous
prie, en attendant, de m'apprendre, avant
que nous nous séparions, si l'âge d'or, qui a
fait proprement le sujet de notre discours,
est un objet susceptible de la contemplation
de votre philosophie, ou si c'est uniquement à l'histoire et à la poésie que nous en
devons la connoissance?

DIOCLÈS.

Mon cher Alexis, tout est l'objet de la

philosophie; mais ce que vous voulez savoir revient, ce me semble, à cette question, si, sans égard aux traditions ou à des inspirations divines, et en ne prenant pour base que la nature de l'homme, telle que nous la connoissons, on pourra trouver des preuves de quelque âge d'or, ou bien d'une existence plus riche et plus élevée, que celle dont nous jouissons? N'est-ce pas-là ce que vous demandez?

A L E X I S.

C'est cela même.

D I O C L È S.

Hé bien, c'étoit-là dès le commencement le chemin que je m'étois proposé de prendre, et je ne vous aurois pas rapporté les traditions d'Hypsicles, ni tâché de vous faire connoître et respecter la poésie, si vous m'aviez paru content de mon début.

A L E X I S.

Je vous conjure, rentrez dans votre chemin. Je ne perdrai rien en faisant un voyage de plus, infiniment intéressant pour moi, surtout dans la situation où je me trouve.

D I O C L È S.

— L'âge d'or, Alexis, est un terme figuré

sous lequel vous entendez avec moi, je compte, l'état d'un être quelconque qui jouit de tout le bonheur dont sa nature et sa façon d'être actuelle sont susceptibles?

ALEXIS.

Assurément.

DIOCLÈS.

Nous avons vu que l'animal et l'homme dévoient également y parvenir par la force de leur instinct ou de leur principe de perfectibilité, et plus ou moins parfaitement, à proportion de l'énergie de ce principe, dont sans doute vous vous rappelez la nature?

ALEXIS.

Parfaitement.

DIOCLÈS.

L'animal, parvenu au même point où nous le voyons encore à présent, s'y fixa et fut heureux, puisqu'il n'avoit pas de sensation d'un bonheur au-delà de celui dont il jouissoit, soit par sa nature, soit par son industrie; et il s'ensuit que son principe de perfectibilité avoit une borne déterminée.

Si l'homme, qui parvint au même point par des moyens semblables, peut-être un peu plus tard, y fut resté de même, qu'auriez - vous conclu de son sort, mon cher Alexis ?

ALEXIS.

J'aurois conclu que son sort étoit exactement le même que celui de l'animal qui naît, végète et meurt.

DIOCLÈS.

Votre conclusion seroit très-juste. — Mais dans tout être, tous les désirs déterminés possibles, ne doivent-ils pas être proportionnés à ses besoins, ou à la quantité et à la qualité des choses dont il seroit capable de jouir, dont il pourroit se faire une idée?

ALEXIS.

Oui.

DIOCLÈS.

Ainsi, les désirs d'un être quelconque étant donnés, vous en déduirez avec assurance les espèces de jouissances dont sa nature seroit susceptible?

ALEXIS.

Assurément.

DIOCLÈS.

Et même, si ses désirs étoient vagues et indéterminés, vous en conclueriez sans doute que cet être seroit susceptible de jouissances, au-delà de ce dont il pourroit se faire une idée dans son état présent.

Or, si vous voulez réfléchir sur l'espérance qui paroît innée dans l'homme, non cette espérance journalière qui ne vise qu'à un meilleur comparatif à son état présent, mais sur cette espérance qui a pour but constant le meilleur absolu, quoique indéterminé, vous serez convaincu que les désirs de l'homme, son instinct, son principe de perfectibilité, sont indéterminés, et n'ont point de bornes sensibles pour nous dans l'état où nous sommes, et que par conséquent l'homme tient nécessairement à un autre état.

ALEXIS.

Parviendra-t-il à cet état?

DIOCLÈS.

Mais, mon cher, lorsque vous voyez un petit oiseau venant tout fraîchement de sortir de sa coque, et que je vous montre ses ailes, en vous disant que sa nature est de voler, craignez-vous qu'il ne volera pas?

ALEXIS.

Non, sans doute, il volera un jour.

DIOCLÈS.

Si je vous montre un petit poisson qui,

par hasard, vient de naître sur le rivage, et que je vous prouve par toutes ses parties qu'il ne sauroit vivre long-temps dans l'air, mais que sa nature exige qu'il soit dans l'eau; croyez-vous qu'il ne nagera pas à la première marée?

A L E X I S.

Assurément il nagera.

D I O C L È S.

Et si je vous montre l'homme, qui, par sa nature, forme des désirs qui n'ont plus aucune analogie quelconque avec le peu que cette terre peut lui fournir, en tant qu'il est animal; croirez-vous que cette terre est l'élément qui convient à sa nature?

A L E X I S.

— Par conséquent il n'y auroit dans ce monde que l'animal qui seroit heureux.

D I O C L È S.

Rien n'est plus vrai, mon cher; et l'homme n'y fait qu'imiter ce poisson qui remue ses nageoires, saute, frétille et se démène, et qui ne jouira complètement de son existence que dans les ondes qu'il doit connoître bien vaguement sur ma main.

Mais retournons encore à ce moment où
l'homme et l'animal étoient au même point;
où l'homme étoit heureux en tant qu'ha-
bitant de la terre. Ce moment devoit être
pour lui de peu de durée; car son principe
indéterminé et sans bornes le porta bientôt
à mépriser ce bonheur. Il passa outre, et
comme des désirs vagues et indéterminés,
manquant d'objets analogues qui pussent
les satisfaire, lui causoient des souffrances,
il chercha ces objets, quoiqu'inutilement,
dans le monde fini et déterminé qu'il trouva
sous sa main. Delà l'insatiabilité naturelle
des désirs; car aussitôt que ses jouissances
lui firent entrevoir les bornes de ces objets,
nécessairement finis par leur nature, il alla
plus loin, dans la vaine et folle espérance
de trouver dans la quantité de ces objets
finis et déterminés, cet infini analogue au
grand principe indéterminé qui l'agitoit.
Tant que les progrès de ses connoissances
se bornèrent à une certaine perfection dans
la mécanique et l'agriculture, l'homme se
trouva parfait en qualité d'animal; mais aussitôt qu'il mesura les cieux, franchit les
mers, tira les métaux du sein de la terre
pour orner sa figure, détruire ses frères, ou

forger des signes de ses prétendues propriétés ; aussitôt qu'il forma des états, prescrivit
des lois, et, pour comble de ridicule, voulut qu'un seul homme pût être le proprié-
taire d'un million de ses semblables; aussitôt
que cet être étonnant, qui n'étoit amphibie
que depuis sa chute, et qui foncièrement
étoit un être d'une existence homogène,
voulut tenir dans le même moment aux deux
extrémités de sa nature, dont, par la perte
de quelques manières d'apercevoir, il avoit
perdu l'enchaînement et le lien; aussitôt
toutes les folies, les horreurs et les désor-
dres, les absurdités et les inconséquences,
qui firent tant de tort à Hésiode dans votre
esprit, devoient naturellement se manifester, en démontrant en même temps à l'homme, de la façon la plus parfaite, la noblesse
et la stabilité de sa nature, et que son abâ-
tardissement n'étoit qu'une apparence accidentelle.

ALEXIS.

Mon cher Dioclès , je crois comprendre
la plus grande partie de ce que vous venez
de me dire , mais je vous supplie , n'épar-
gnez pas les paroles sur un sujet aussi intéressant. Vous me connoissez. Je ne vous quitte

pas que je ne sois parvenu à des idées distinctes.

DIOCLÈS.

Vous sentez bien, Alexis, que quoique
la philosophie manie des matières aussi abstraites avec la même aisance et la même précision que les objets les plus simples de la
géométrie, elle trouve cependant moins de
facilité dans l'expression des idées, puisque
les termes nous manquent souvent lorsqu'il
s'agit d'accoupler des idées un peu distantes
les unes des autres et disparates en apparence.
Mais, dans ces cas, c'est à celui qui écoute
d'y remédier, en s'attachant à la marche de
l'intellect de celui qui parle, bien plus
qu'aux mots qu'il prononce. Par ce moyen
ces mots se traduiront d'eux-mêmes dans la
tête de celui qui écoute et y seront remplacés
par des signes qui lui sont plus familiers. Je
tâcherai pourtant d'être aussi clair qu'il me
sera possible dans le peu qui me reste à vous
dire.

Dans l'âge d'or d'Hésiode et d'Hypsicles,
l'homme étoit absolument parfait, autant
que la nature de son essence pouvoit le permettre; et quoiqu'il fût créé un être éternel,
la nature de ses développemens et de ses

jouissances étoit successive ; mais le mouvement de cette succession , depuis le premier instant de sa naissance jusques dans
l'éternité, étoit uniformément accéléré, et
la mort ne lui parut que l'un des développemens continuels et ordinaires de son essence.
Après la grande catastrophe du globe de la
terre , où l'homme apparemment avoit perdu des sensations , la mort changea pour lui
de face. Elle fut accompagnée de tant de circonstances étrangères et désagréables, qu'elle
parut très-différente de tout autre développement : la mort sembla couper l'existence
de l'homme en deux parties , dont l'une étoit
la vie présente , et l'autre une éternité
vague , douteuse et tout au plus possible.
Ensuite l'homme parvint par ce principe de
perfectibilité adhérent à sa nature , à cet
âge d'or, ou plutôt d'argent, dont nous
avons parlé ; à cet âge dont la fin ne pouvoit être qu'une perfection animale; et ce ne
fut qu'après avoir passé au-delà de cette perfection que l'homme devint un être malheureux sur la terre, jusqu'à ce que le sage lui ap-
prît, par une philosophie éclairée, à lier de
nouveau le présent au futur, et à reconnoître l'homogénéité de son existence éternelle.

Voilà deux âges d'or de nature fort différente; et si nous suivons avec soin la marche
naturelle des facultés de l'homme dans cette
vie, nous parviendrons à entrevoir un troisième âge qui ne différera pas moins des
précédens. Il aura lieu, mon cher, lorsque
les sciences de l'homme seront parvenues
aussi loin qu'avec ses organes actuels il aura
pu les porter; lorsqu'il verra distinctement
les bornes de son intelligence dans les faces
de l'univers qu'il peut connoître; lorsqu'il
apercevra la disproportion absurde entre
ses désirs et ce dont il peut jouir sur la
terre, et lorsque, voyant les étranges effets
qui en résultent, il retournera sur ses pas,
et trouvera un salutaire et juste équilibre
entre ses désirs et les objets placés dans sa
sphère d'activité actuelle; enfin, lorsqu'en-
richi de toutes les lumières dont sa nature
ici bas est susceptible, il y joindra l'heureuse simplicité de son premier état qu'il
en décorera.

Pour l'âge d'or de l'homme après cette vie,
ses jouissances y seront plus intimes, plus
cohérentes; et toutes ses connoissances s'y
confondront, comme les couleurs de l'iris se
confondent au foyer d'un cristal, et ne for-

ment ensemble qu'une lumière pure, parfaite image de l'astre brillant qui les porta
dans son sein.

Voilà, mon cher Alexis, autant qu'il me
paroît, tout ce que la philosophie peut nous
apprendre sur les différens âges de perfection auxquels la nature humaine peut pré-
tendre.

Pour savoir quelque chose de plus du
dernier âge, il faut avoir recours aux oracles des dieux : il faut qu'un souffle divin
rapproche tellement nos idées, que nous
sentions tous leurs rapports.

ALEXIS.

— Dioclès, vous ne sauriez deviner tout
le bien que vous m'avez fait, ni de quelle
manière.

DIOCLÈS.

Non, certes.

ALEXIS.

Depuis quelque temps j'avois formé un
projet important, qui doit influer sur tout
le reste de ma vie. Souvent l'idée m'étoit ve-
nue de me rendre à Dodone et à Delphes
pour consulter les dieux sur mon entrepri-
se ; mais des doutes sur la valeur ou la pos-

sibilité des oracles m'en avoient toujours empêché. Vous m'avez fait revenir de mes erreurs, et je suis fort résolu maintenant de m'adresser aux dieux, puisque je me sens tout fait pour pouvoir me présenter dans leurs temples, animé d'une sorte de respect que je n'ai jamais connu auparavant, et qui est peut-être ce qui nous attire leurs faveurs.

DIOCLÈS.

J'en suis ravi, mon aimable Alexis, et d'autant plus que la divinité vous tiendra quitte de vos voyages; car cette disposition, mon ami, suffit pour la faire descendre sur cette colline et dans vous, où elle rendra des oracles parfaitement intelligibles, sans que vous ayez besoin de recourir à la sagesse efficiente des prêtres pour vous les expliquer.

ALEXIS.

— Mon cher ami!

DIOCLÈS.

— Hé bien, que voulez-vous?

ALEXIS.

Allez chez Aristée et laissez-moi ici; car je sens que je trouverai Dodone et Delphes

dans cette solitude, et c'est - là votre ouvrage!

DIOCLÈS.

Cela étant, mon cher, nous devons dès
demain un sacrifice à l'Amour.

NOTES.

Pag. 149. *Voyez l'Athénien, etc.*

Cet Athénien est Thrasillus. Son frère Criton, de retour de Sicile, le mit entre les mains d'un excellent médecin qui le guérit. Thrasillus se rappela souvent le bonheur dont il avoit joui pendant sa maladie, et ne pardonna jamais sa guérison à son frère.

Pag. 150. *Le poëte a beau dire, etc.*

Κρῆτες ἀεὶ ψεῦσται· καὶ γὰρ τάφον, ὦ ἄνα, σεῖο
Κρῆτες ἐτεκτήναντο· σὺ δ' οὐ θάνες, ἐσσὶ γὰρ αἰεί.

Ces vers se trouvent dans Callimaque, poëte qui a fleuri principalement sous Ptolémée Philadelphe, et qui par conséquent paroîtroit de quelques années postérieur à Dioclès et à Alexis. Voilà de ces épines dont la critique a souvent de la peine à se débarrasser. Cependant il y a beaucoup de probabilité que ces vers sont bien antérieurs à Callimaque, puisqu'on sait de science certaine, que le commencement du premier vers, Κρῆτες ἀεὶ ψεῦσται, *les Crétois sont toujours menteurs*, est de la composition de Médée qui prononça ces mots lorsque Idoménée la jugea moins belle que Thétis. Si à cette occasion elle ajouta le reste, c'est ce qu'on ignorera apparemment long-temps encore.

D'ailleurs, Lucain dit aussi au sujet des Crétois, dans le huitième livre de sa Pharsale:

Tam mendax Magni tumulo quam Creta Tonantis.

150. *L'antiquaire a beau leur dire, etc.*

Saint Chrysostôme, dans l'épître de St.-Paul à Tite, donne l'épitaphe de cette façon : Ἐνταῦθα κεῖται Ζὰν, ὃν Δία κικλήσκουσιν. *Ci gît Zan, qu'ils appellent Jupiter.* Saint Cyrille contre Julien, attribue cette épitaphe à Pythagore. Lactance, liv. I, chap. II, nous l'a transmise de la manière suivante : ὁ Ζεὺς τοῦ Κρόνου; *Jupiter, fils de Saturne.* Cedrenus la donne encore autrement : Ἐνθάδε κεῖται θανὼν Πῖκος ὁ καὶ Ζεύς. *Ici est enseveli, après sa mort, Picus, qu'on appelle aussi Jupiter.* Voyez d'ailleurs Sedulius, Saint Jérôme, Origène contre Celse, Epiphane, Philostraste, Cicéron, Diodore de Sicile, Lucien et plusieurs autres. D'ailleurs, il paroît non-seulement par Théophile, Minutius Felix et saint Cyprien, que ce sépulcre existoit encore de leur temps ; mais Psellus, qui vivoit sous Constantin Ducas, il y a environ 700 ans, nous apprend qu'on montroit encore alors un signal à l'endroit de ce tombeau célèbre. Mais enfin le scholiaste de l'hymne à Jupiter de Callimaque explique mieux cet endroit, en donnant cette inscription : Τοῦ Μίνωος τοῦ Διὸς τάφος. *Sépulcre de Minos, fils de Jupiter.* Lorsque le temps eut effacé les deux premiers mots Τοῦ Μίνωος, ce qui resta ce fut : *Sépulcre de Jupiter ;* explication qui est exactement conforme à celle de notre auteur.

Je sais bien que Ptolémée Hephestion, auteur grave, parle encore autrement de ce tombeau ; disant que c'est celui d'Olympe le Crétois, qui sauva Jupiter des mains de Saturne, devint son précepteur, et l'instruisit dans la religion ; mais que Jupiter foudroya pour avoir soupçonné seulement que les géans pussent faire la guerre aux dieux immortels.

Jupiter, voyant son bienfaiteur et son maître étendu mort sur la place, s'en repentit, et n'ayant d'autre moyen pour réparer les effets de sa vivacité, changea le nom d'Olympe, qu'on avoit mis sur son tombeau, en celui de Jupiter : galanterie outrée qui rend le fait moins vraisemblable.

Pag. 162. *Cet Archytas, etc.*

Archytas de Tarente, philosophe Pythagoricien qui vécut environ cent ans après Pythagore, fut l'un des plus grands hommes du monde. Comme géomètre, il trouva la duplication du cube. Il appliqua le premier la géométrie à la mécanique, et jeta les fondemens de la vraie physique. Parmi les machines qu'il a inventées, les anciens ont le plus célébré un pigeon qui voloit très-bien ; mais qui, étant à terre, n'avoit pas la force de se relever.

Il étoit défendu à Tarente, sous peine de mort, d'être deux fois le chef de la république et de l'armée. Archytas fut forcé sept fois par ses concitoyens d'être chef et généralissime des Tarentins et des Grecs alliés en Italie. Il n'a jamais donné de bataille ni de combat sans remporter une victoire complète. La seule fois qu'il se démit du commandement pour céder à ses envieux, toute l'armée des Tarentins et de leurs alliés fut faite prisonnière de guerre.

Il donna à Platon le vrai goût de la géométrie et l'instruisit dans la philosophie de Pythagore. Il le sauva des fureurs de Denys.

Nous avons encore des lettres de ces deux grands

hommes. Archytas s'y plaint amèrement de ce que
son poste lui pèse et l'empêche d'être libre et de jouir
de la philosophie (c'est en cela seul qu'il fut inférieur
à Socrate, qui vouloit être homme sur la terre, et dont
la philosophie étoit purement active). Platon lui dé-
conseille fortement d'abdiquer, en lui prêchant l'a-
mour de la patrie, le devoir d'un philosophe, et surtout celui de garder son poste, ne fût-ce que par la
crainte de le voir occupé par quelque méchant homme.

Il n'y a point de vertu qu'on n'attribue à Archytas.
Il étoit d'une pudeur extrême dans ses actions et dans
ses discours, aimant mieux dans l'occasion écrire un
mot malhonnête dont il devoit se servir, que de le
prononcer. La douceur et la simplicité de ses mœurs
paroissoient en ce qu'il s'amusoit très-souvent à instruire les enfans de ses propres esclaves et à jouer avec
eux.

Il nous reste encore de ses ouvrages et de ses
apophthegmes. Il vouloit donner la même éducation
aux garçons et aux filles. Il disoit entr'autres que la
béatitude consiste à faire usage de la vertu dans la fé-
licité. Il définissoit la vertu, la plus excellente conte-
nance des parties de l'ame qui n'ont point de rapport
avec l'intellect.

Horace parle de sa mort dans l'ode xxviii, livre I.

Te maris et terræ , numeroque carentis arenæ
　　Mensorem cohibent, Archyta,
Pulveris exigui prope litus parva Matinum
　　Munera: nec quicquam tibi prodest,
Aërias tentasse domos animoque rotundum
Percurrisse polum , morituro , etc.

Pag. 166. *Les Arcadiens, etc.*

Quelqu'étrange que puisse paroître ce conte d'Hypsicles, le zèle et le devoir de commentateur m'obligent à rapporter ce que j'ai pu trouver de favorable
pour son systême.

1º. La tradition des Arcadiens, dont il parle, est
constaté par Plutarque, Lucien, et nombre d'anciens
auteurs.

2º. Les proverbes chez les Egyptiens et ailleurs,
qui indiquoient tout ce qui étoit d'une prodigieuse
antiquité, par *antérieur à la lune*, ou bien par *ayant
existé avant que la lune éclairât la terre*, sont assez
souvent rapportés par les anciens.

3º. La tradition universelle chez presque tous les
peuples du monde, d'un âge d'or, d'un paradis, d'une
vie heureuse non-interrompue ni abrégée par des maladies, des guerres, des déluges ou d'autres fléaux,
est connue; et il est vrai qu'en supposant l'axe de la
terre perpendiculaire sur le plan de son orbite, tous
les mouvemens de l'air, de l'eau et de la terre, doivent se faire sensiblement dans la même direction et
dans des plans parallèles, d'où naîtront nécessairement toutes ces uniformités et ces homogénéités dont
parle le savant prêtre de Byblos.

4º. La première comète dont il est fait mention
chez les cométographes, parut dans le signe des Pois-
sons, l'an 2312 avant l'ère chrétienne, c'est-à-dire,
l'an du déluge universel. Elle parcourut tout le zodiaque dans l'espace de vingt-neuf jours. L'illustre
Hevelius la rapporte dans sa cométographie d'après
l'histoire des comètes de Henri Eckstormius, et celui-

ci l'a tirée de la description de la comète de 1607 de David Herlicius, qui l'a prise des Orientaux.

Le père Riccioli, ce savant astronome, dans son Almageste, et le célèbre M. Struyk dans sa Géographie universelle, ne parlent pas de cette comète; et plusieurs grands astronomes n'ont fait aucun cas d'une observation aussi précaire, aussi ancienne et aussi absurde en apparence, qui ne leur pouvoit être d'aucune utilité dans leurs recherches sur une théorie de ces astres.

Cependant si l'on considère cette observation vraie ou fausse sans préjugé, on trouvera qu'il est beaucoup plus raisonnable de croire que nous la devons à quelque tradition prodigieusement ancienne, que de la supposer forgée pour un certain but; car ce but seroit sensible pour tout astronome, d'un côté, par le temps de la révolution, qui est le même que celui de la révolution apparente de la lune, et de l'autre, parce qu'on fait parcourir tout le zodiaque à cette comète; ce qui est impossible à toute comète tant par leur petitesse que par la prodigieuse longueur du grand axe de leurs orbites, à moins que leur voisinage et l'action de la terre ne les obligent de rester avec nous, comme Hypsicles nous le dit de la lune. Or, si quelqu'imposteur eût eu le dessein de nous tromper avec ce but, d'où viendroit-il que ni lui ni personne depuis plus d'un siècle, n'a tiré parti de cette imposture pour nous offrir ce système d'Hypsicles dans des temps où des nouveautés infiniment plus absurdes n'effarouchent plus? Si à présent nous supposons que nous devons la connoissance de cette comète à quelque

ancienne tradition, elle n'a pas besoin d'être fort ancienne pour que les astronomes d'alors fussent hors
d'état de se proposer un but pareil à celui que je viens
de dire ; et par conséquent le peu de probabilité qu'il
y a que le hasard leur eût fait forger une observation,
qui, coïncidant avec plusieurs vérités de toute autre
nature, forme un total très-naturel, augmente prodigieusement la probabilité que foncièrement l'observation n'est pas supposée.

5°. Si, en observant la lune à travers un binocle composé de deux lunettes achromatiques des plus fortes
et des plus parfaites, nous voyons que c'est un corps
calcaire, tête morte, vitrifié en quelques endroits [1],
et dont la surface montre par des milliers de bulles
crevées, qu'elle a été en fusion, il nous paroîtra évident que cette lune est une comète qui dans le temps
de son périhélie a été réduite en cet état par sa grande
approximation du soleil, et qu'ensuite continuant dans
son orbite elle a passé si près de la terre, qu'elle a été
obligée de rester avec elle et de la suivre en tournant
à l'entour. Enfin, si nous réfléchissons sur les nuta-
tions de la lune, ou sur ces flottemens par lesquels
elle nous montre toujours à-peu-près la même face,
il paroîtra que son hémisphère qui est tourné de notre
côté et l'hémisphère opposé, ne sont pas de la même
gravité spécifique ; ce qui rend très-probable son ancien état de liquidité ; à moins que sa vraie figure ne

---

[1] Ce qui rend compréhensibles les observations de l'éclipse du
soleil du 24 juin 1778, faites par MM. d'Ulloa et Desoteux à
une grande distance l'un de l'autre, et pendant lesquelles la lune
leur parut transparente dans un endroit.

soit en goutte de suif, ce qui constateroit encore un précédent état de fusion.

D'ailleurs, je puis dire en faveur du prêtre d'Adonis, que, malgré ce que des astronomes et des physiciens en disent, le mouvement de rotation et la position perpendiculaire de l'axe sur le plan de l'orbite, est un état nécessaire dans toute planète qui décrit un chemin quelconque autour de son soleil. Car supposez que la planète AB soit attirée vers le centre d'un soleil S, toutes ses parties A, d, B, sont également attirées vers ce centre dans leurs directions BS, dS, AS. Supposez encore que la planète ait un mouvement de projection ou de translation par une impulsion quelconque vers la plage E, toutes ses parties auront également ce mouvement, chacune dans sa direction Be, Ce, Ae, qui sont toutes parallèles. Or, il est évident, puisque l'angle SBe est plus grand que l'angle SAe, que la partie B dans sa direction Be agit plus directement contre sa direction vers S, BS, que la partie A dans sa direction Ae contre sa direction vers S, AS. Par conséquent l'effet de l'attraction vers S est plus grand dans A que dans B et l'équilibre est rompu. Ainsi, il faudra nécessairement que la planète AB reçoive un mouvement de rotation de A, par d, vers B, et que l'un des pôles de l'axe de cette rotation soit le point C, et l'autre à l'opposite; c'est-à-dire, que cet axe doit être nécessairement perpendiculaire au plan de l'orbite. Or, comme cet état d'une planète qui décrit une orbite quelconque autour de son soleil, dérive nécessairement des relations réciproques entr'elle et son soleil, et de la modification de son mouvement de projection ou de translation ; il s'ensuit que lorsque j'observe cet état altéré dans une planète quelconque, je dois en chercher la cause dans une force étrangère ; et comme je vois l'axe de la terre incliné sur le plan de son orbite d'un angle de 66°. 31′. , je dois l'attribuer à quelqu'action de dehors. Or, où chercher cette action, si ce n'est dans le corps le plus voisin de la terre, dont l'influence sur tous nos fluides est si sensible, et dont les mouvemens nous montrent encore tant d'irrégularités? Savoir la lune.

Mais, dira-t-on , peut-être la lune a-t-elle été formée dans le même moment que la terre ; et voilà ce qui est impossible pour deux raisons.

1°. Si la lune avoit été formée dans le même instant que la terre, suivant toutes les lois de la dynamique, dans quelque rapport local avec la terre qu'elle eût été placée, elle auroit composé avec la terre un seul tout, un seul système, qui auroit fait ses révolutions autour du soleil avec la plus parfaite régularité.

Et 2°. la lune ne pouvoit effectuer l'inclinaison de l'axe de la terre que lorsqu'elle fut déjà aplatie vers ses pôles et gonflée vers l'équateur. Or, elle ne pouvoit acquérir ces deux qualités que par la force centrifuge causée par son mouvement de rotation ; mais étant formée dans le même moment avec la lune, elle n'avoit pas encore de mouvement de rotation ni d'axe déterminé : elle n'étoit pas aplatie , mais parfaitement sphérique ; et alors une régularité parfaite quelconque auroit dû s'ensuivre, ce qui n'est pas. Par conséquent la terre et la lune n'ont pas été produites dans le même temps, du moins avec leurs relations actuelles.

Nous voyons ici plusieurs choses de nature fort différente qui aboutissent à un seul point. Combien de choses, de nature différente, doivent coïncider pour constater un fait, c'est un problème qui n'a pas été résolu encore. Pour déterminer la nature d'une courbe homogène, il ne faut que trois points.

Voilà tout ce que je puis dire sur ce conte d'Hypsicles. C'est aux physiciens, astronomes et géomètres qu'il appartient de le juger. Pour moi, je me borne à souhaiter que la découverte de quelqu'autre conte de ce bon prêtre, me mette bientôt en état d'exercer de nouveau mon métier.

Page 202. A lier de nouveau le présent au futur.

Ce passage et ce qui le précède paroît jeter quelque lumière sur une idée d'Alcméon Pythagoricien. Τὲς γὰρ ἀνθρώπες φησὶν Ἀλκμαίων διὰ τῦτο ἀπόλλυσθαι, ὅτι ἐ δύνανται τὴν ἀρχὴν τῷ τέλει προσάψαι. *Les hommes périssent,* dit Alcméon, *par la raison qu'ils ne peuvent pas lier le commencement à la fin, ou bien le principe à son but.* Κομψῶς εἰρηκὼς, dit Aristote, εἴ τις ὡς τύπῳ φράζοντ⊙ αὐτῦ δέχοιτο, καὶ μὴ διακριβῦν ἐθέλοι τὸ λεχθέν *Expression élégante,* dit Aristote, *si on la prend au figuré, et non à la rigueur.*

SIMON,

OU

DES FACULTÉS DE L'AME.

Ταῦτά σε τῆς θείης ἀρετῆς εἰς ἴχνια θήσει,
Ναὶ μὰ τὸν ἀμετέρα ψυχᾷ παραδόντα τετρακτὺν
Παγὰν ἀενάε φύσεως.

AVERTISSEMENT

DE

L'ÉDITEUR.

Quel homme auroit le front de dire à un public frivole : « Mon public, je « vous présente encore pour votre amu- « sement de la métaphysique profonde»? Je dis au nôtre sans scrupule : Je vous offre un *Dialogue de Simon l'Athénien sur les facultés de l'ame humaine.* Vous savez que Simon étoit un marchand de cuir qui demeuroit au Pyrée à côté de Télécles le tisserand. Sa liaison fami- lière avec le plus illustre de tous les hommes, et les vains efforts de Périclès pour se l'attacher, parlent assez en sa faveur pour vous intéresser. Les premiè- res personnes de la République, soit par leurs talens, par leurs richesses ou par leurs places, venoient causer familière- ment dans sa boutique, et on prétend qu'il avoit la mémoire si excellente qu'il savoit retenir des discours entiers de So- crate, et les mettoit fidèlement par écrit. On avoit de lui trente-trois de ces dis- cours ou dialogues, qu'on appeloit *scu- tiques*, à cause du métier du rédacteur. Diogène Laërce nous en a conservé les titres, mais aucun ne porte celui de Si- mon, et c'est aux mêmes Russes et au même Archipel à qui on doit l'*Aristée*, que nous sommes redevables de ce petit et singulier ouvrage. Pour ce qui regarde son style, il a plus encore le ton qui rè- gne dans Platon, que celui de la naïveté noble de Xénophon, ou de la simplicité populaire d'Eschine. Le manuscrit est beaucoup mieux conservé que ne l'étoit celui de l'*Aristée*, et on a laissé le texte tel qu'il est, en y corrigeant seulement quelques fautes grossières, qui arrête- ront peu le lecteur attentif.

Il paroît par la dédicace que nos conjectures au sujet de la Diotime à laquelle l'*Aristée* fut adressé, étoient très-heureuses; elle sert aussi à prouver que ce dialogue de Simon, qui se trouvoit perdu, fut retrouvé par Diotime et Dioclès à côté d'un autel, qui subsistoit encore du temps des Antonins, avec une inscription très-ancienne, laquelle portoit, que Charmus avoit dédié le premier de tous les Athéniens cet autel à l'Amour[1].

Pour ce qui est du contenu de l'ouvrage, du but de Socrate ou des raisonnemens de Diotime, je ne saurois rien vous en dire. J'ai étudié chaque phrase avec soin, mais je n'ai pas lu l'ouvrage dans l'esprit qu'il faut pour en comprendre le sens total. Je suis brave traducteur, grand antiquaire et hardi critique; mais pour la psychologie il faut de l'algèbre, que je ne possède pas. On me dit pourtant qu'il s'y agit d'une théorie qui

[1] Χάρμος Ἀθηναίων πρῶτος Ἔρωτι ἀνέθηκε.

pourroit servir à perfectionner les hommes : si cela est, l'inutilité d'une pareille doctrine dans notre siècle de perfection, ne me laisse que le triste avantage de vous avoir offert une antiquité.

DIOCLÈS a DIOTIME,

BONHEUR.

Sage et sacrée Diotime! il vous souvient peut-être, que lorsque nous trouvâmes ce dialogue de Simon à côté de l'autel que Charmus a dédié à l'Amour à l'entrée de l'académie, nous fûmes si frappés de la ressemblance entre les discours de la femme divine qui porta le même nom que vous, et entre la philosophie que vous vous étiez formée pour votre propre bonheur et pour celui des autres, que nous délibérâmes d'admettre la métempsycose de Pythagore, et vous m'imposâtes la tâche de réparer dans cet écrit, ce qu'il auroit pu souffrir pendant le cours de plus d'un siècle. Ayant achevé cet ouvrage, je ne sau-

rois ni l'adresser plus justement qu'à vous, ni l'offrir aux Athéniens sous une autorité plus imposante que celle de votre approbation.

SIMON,

OU

DES FACULTÉS DE L'AME.

SIMON et HIPPONICUS.

HIPPONICUS.

Simon! Simon! où allez-vous? écoutez.

SIMON.

Qui m'appelle si familièrement? — Hé,

fils de Calaiscre, est-ce vous? il y a bien du temps que je ne vous ai vu. Où avez-vous été? — Mais que dis-je! vous fuyez ma maison comme tant d'autres qui s'ennuient de la philosophie, et des discoureurs qui, faute d'avoir mieux à faire, viennent s'amuser chez moi.

HIPPONICUS.

Vous m'outragez, Simon. Que la protectrice de notre ville me préserve d'abandonner la philosophie et mes amis! J'ai été sur la flotte et de l'expédition de Sicile où nous n'avons fait rien qui vaille, et je vous assure qu'un projet manqué n'est pas ce qui nous fait abandonner la philosophie. Je ne viens que d'arriver avant-hier; et pour vous convaincre, ingrat, que je n'oublie ni vous, ni la philosophie de notre ami, j'allois chez vous pour vous prier de quelque chose, à moins que vous n'eussiez des affaires ailleurs, qui pussent vous empêcher de m'écouter.

SIMON.

Mon cher Hipponicus, je viens de finir mes affaires, et je comptois de rentrer seul chez moi ; y entrer avec vous vaut bien mieux. — Entrez. — Reposez-vous. — Qu'avez-vous à me dire?

HIPPONICUS.

J'avois une question à vous faire au sujet de Socrate. L'avez-vous vu depuis peu?

SIMON.

Il n'y a que trois jours qu'il a été chez moi avec plusieurs autres?

HIPPONICUS.

Je vous dirai. Hier j'allois le long du rempart vers la porte de Diomis, lorsque je fus assailli d'une pluie terrible. Tout ce qui me restoit à faire, c'étoit de me sauver chez Clinias, dont le père demeure tout près de la porte, vis-à-vis de la colonne de l'Amazone. En entrant j'y trouvai Aristophane, qui me parut avoir bien bu, et quelques étrangers. Je demandai des nouvelles de Socrate, lorsqu'Aristophane me dit, en riant, qu'il se portoit fort bien, et qu'il n'y avoit que peu de temps qu'il avoit passé avec lui une bonne partie de la journée chez vous; que Socrate avoit beaucoup amusé la compagnie, et qu'il vous avoit raconté à tous comment l'une de ses pièces favorites, *les Nuées,* lui avoit disséqué l'homme dans toutes ses parties visibles et invisibles; enfin, il ajouta tant d'autres absurdités, que je fis de mon mieux pour changer la conversation, honteux devant ces étrangers qui ne savoient que penser de toutes ces folies. A cette heure, Simon, vous qui avez la faculté de retenir des discours entiers de Socrate, je vous supplie de me dire la vérité. Seroit-il possible que Socrate eût dit de telles extravagances?

SIMON.

Vous riez, Hipponicus? — Ne connoissez-vous pas le bouffon? — Que ne parla-t-il lorsqu'il fut ici avec nous? Il sortit sans dire mot. Je ne l'ai jamais vu modifié comme cela. Il avoit l'air tellement gauche et si mal à son aise, que nous en eûmes tous pitié. D'ailleurs, ce discours de Socrate me parut assez intéressant pour le mettre tout de suite par écrit. Si vous le vouliez donc absolument, je pourrois vous le lire d'un bout à l'autre. Qu'en pensez-vous?

HIPPONICUS.

Oh! mon cher Simon, lisez, je vous en conjure. Ne tardez pas. Vous me ferez oublier tous les désagrémens de mon voyage.

SIMON.

Hé bien, je vais vous contenter; mais il faut que vous sachiez avant combien nous étions, et ce qui donna occasion à ce discours. Je venois de recevoir des mains de Mnésarque, fils de Terpandre, ce beau groupe de bronze que voilà, qui représente Prométhée formant le premier homme.

HIPPONICUS.

En vérité, Simon, c'est une pièce très-belle à mon avis.

SIMON.

J'avois chez moi Socrate, Cebès, Agathon, et Damon le musicien. Nous admirions tous l'habileté de Mnésarque, et l'art avec lequel il avoit exprimé, d'un côté, un génie profond et attentif dans la physionomie et l'attitude de Prométhée; et, de l'autre, cet air de candeur, de naïveté et d'étonnement dans le nouveau-né, sans qu'il y parût rien encore de ce feu céleste qui coûta tant à Prométhée, lorsqu'Aristophane entra, et se mit des nôtres. Après nous avoir salué, il regarda l'ouvrage un instant, et dit que cela ne valoit rien : que l'artiste avoit donné trop d'esprit à Prométhée; qu'il n'en falloit

pas tant pour faire des hommes, et que d'ailleurs Deucalion et Cadmus avoient fait la
même chose que Prométhée, à beaucoup
moins de frais. Comme Mnésarque, qui est
jeune encore, ambitieux et rempli de son
art, étoit présent, et que je voyois ses lar-
mes de rage prêtes à paroître, je dis à Aristophane à l'oreille, qu'il avoit tort de plai-
santer, et de décourager ce jeune homme
en montrant de l'indifférence pour son travail. Il me répondit tout haut, en regardant
Mnésarque, que ce n'étoit pas au savant
Mnésarque qu'il en vouloit, mais à Prométhée lui-même qui avoit fait l'homme tout
de travers, en mettant dehors ce qui devoit être dedans, et dedans ce qui devoit
être dehors; qu'ainsi il avoit caché les parties les plus essentielles de l'homme, tandis
qu'il avoit montré au jour celles qu'on peut
se passer de voir; que par conséquent c'é-
toit sa faute si les sages Athéniens, ne voyant
que l'extérieur des hommes, confioient si
souvent leurs affaires et leurs armées à des
gens sans cervelle et sans cœur. Nous rîmes
tous de la plaisanterie amère d'Aristophane;
mais Cebès qui est sérieux, lui dit : Aristophane, vous parlez contre vos propres in-

térêts. Si le dedans de l'homme étoit dehors, les sycophantes, les orateurs et les comiques de nos jours mourroient de faim; car il n'y auroit plus d'aliment pour la malignité et la calomnie. Comme il alloit se mettre de l'aigreur dans la conversation, Socrate la changea en s'adressant à Mnésarque. Fils de Terpandre, lui dit-il, il me semble que votre Prométhée réfute bien l'accusation qu'Aristophane vient de lui intenter; car ce jeune homme qu'il compose ne montre pas seulement sa jeunesse, sa vigueur et son agilité par la beauté de ses membres parfaitement bien proportionnés, mais encore ce qui se passe au-dedans de lui : le plaisir de se sentir exister; l'étonnement de voir d'autres choses hors de lui; le désir de les connoître, et ce calme de l'ame, qui marque bien l'absence parfaite de tout obstacle à ses désirs!

MNÉSARQUE.

J'avoue, Socrate, que vous remarquez admirablement bien tout ce que j'avois désiré d'exprimer.

ARISTOPHANE.

Nous sommes d'accord là-dessus; mais ce que votre Prométhée auroit dû exprimer,

ce sont les vices de l'homme, les replis de
son cœur, les sentiers obscurs et écartés,
qui font de son ame un labyrinthe, pour lequel il n'y a pas de fil conducteur.

SOCRATE.

Croyez-vous, Aristophane, que le petit-
fils du ciel et de la terre ait formé l'homme
vicieux?

ARISTOPHANE.

Entendons-nous. Je vois dans ce bel ouvrage (ne vous en déplaise Mnésarque), je
vois à l'air un peu stupide de ce petit homme, que Prométhée n'a pas commis son vol
encore, et jusques-là, je n'ai rien à répondre; mais lorsqu'il mêla ce feu céleste, l'intelligence divine, avec le limon qu'il venoit
de pétrir, il auroit dû savoir que deux choses aussi hétérogènes, ne peuvent se mêler
ensemble sans se corrompre mutuellement!
et lorsqu'il s'aperçut des vices et des inéga-
lités qui résultoient de son absurde mélange, il auroit dû nous donner un moyen,
pour juger des vices de l'homme, comme on
juge par la pierre de touche de l'alliage impur
de l'or; et par-là, nos Athéniens auroient su
qu'ils ne devoient confier, ni leur argent à
Cléon, ni leur armée à Philocrate.

MNÉSARQUE.

Que les Athéniens ne se font-ils tous sculpteurs ou peintres, ils ne se méprendroient pas. Ce sont les ignorans qui se trompent. Car, puisque nous autres, nous pouvons exprimer dans les physionomies et les attitudes des hommes, tout ce qui se trouve au fond de leur ame, il est clair que les dehors de l'homme sont des signes certains de ce qu'il est réellement en dedans. Regardez les ouvrages de Théodore de Samos, d'Epiée de Panope, de notre immortel Phidias, et doutez, si vous l'osez, de cette vérité. Mais encore, mon cher Aristophane, je descendrai jusqu'aux poëtes. Dites-moi, Homère, Archiloque, notre Agathon, d'où tirent-ils, et d'où tirez-vous vous-même la vérité de vos tableaux, si les dehors de l'homme ne peignent pas exactement ce qu'il est et ce qu'il sent ?

ARISTOPHANE.

Jeune Mnésarque, les poëtes ne peignent pas la vérité, mais le vraisemblable, et ce vraisemblable ils le modifient suivant le but qu'ils se proposent. Ils se font eux-mêmes pour le moment ce qu'ils veulent peindre ; et plus ils savent faire cela avec adresse,

plus leur vraisemblable approche de la vérité.

MNÉSARQUE.

Et le but qu'ils se proposent, quel est-il?

ARISTOPHANE.

D'amuser et d'instruire.

MNÉSARQUE.

Je vous comprends. Ainsi vous n'avez dépeint dans *les Nuées* qu'un Socrate possible; un Socrate qui auroit été l'Aristophane
du moment, et non le nôtre que voilà; et
cela pour l'amusement du peuple?

ARISTOPHANE.

— Vous n'amuserez jamais, mon enfant,
le sacré peuple d'Athènes, à moins qu'on ne
vous présente au théâtre avec un peu de
changement.

SOCRATE.

Il me paroît, Mnésarque, qu'Aristophane
n'a pas tout-à-fait tort de se fâcher un peu
contre vous. Vous ne disputeriez pas avec
le sage Nestor sur l'art de conduire un char,
ni avec le médecin de Cos sur celui de guérir des maladies. Or, Aristophane a acquis
la maîtrise dans son art par autant de triom-
phes et de succès qu'eux l'ont fait dans les

leurs; et personne sans doute n'est plus savant que lui dans l'art d'amuser le sacré peuple d'Athènes, et de lui donner les instructions qu'il désire; mais tous les deux vous avez tort en voyant Simon, Cebès, et moi, et peut-être Agathon, également ignorans dans vos arts, de ne pas nous instruire plutôt que de vous quereller sur des choses sur lesquelles vous me paroissez du même avis.

ARISTOPHANE.

Mnésarque et moi, sommes nous du même avis, Socrate?

SOCRATE.

Je dis que cela m'a paru ainsi; mais ce que je sais de science certaine, c'est que les choses intéressantes que vous venez de dire tous deux, allument en moi ce désir insatiable d'apprendre la vérité. — Vous me devez vos instructions; car, pour ne vous rien cacher, vous m'avez fait presque douter de plusieurs choses qu'on m'avoit apprises autrefois, et que je croyois certaines.

MNÉSARQUE.

Qu'est-ce que moi, je pourrois vous apprendre, Socrate; ne voit-on pas les trois

Graces et le Mercure de votre main aux Propylées?

SOCRATE.

Il est vrai qu'étant fort jeune j'ai fait ces deux ouvrages sous les yeux de mon père; mais mon génie familier m'apprit de bonne heure que les dieux m'avoient refusé les talens sublimes qu'il faut pour étonner les hommes par son art, et qu'ils ne m'avoient accordé que ceux qui suffisent pour apprendre des autres ce que sont les arts et ce qu'ils peuvent. Or, comme c'est sur cela que rouloient vos discours, je vous supplie Aristophane et Mnésarque, de vouloir bien me montrer la vérité, et de me dire auparavant si je vous ai bien compris.

ARISTOPHANE.

Si vous croyez que nous sommes du même avis, vous ne nous avez guère compris, Socrate.

MNÉSARQUE.

En cela je suis parfaitement de son avis.

SOCRATE.

Vous avez dit, Mnésarque, que vous autres sculpteurs, vous avez la faculté de représenter, dans les physionomies et les attitudes, tout ce qui se trouve au fond de l'ame du sujet que vous traitez. Pourriez-vous exprimer la vigueur d'Hercule suffocant le lion de Némée, ou les tourmens d'Ariane dans l'île de Dia?

MNÉSARQUE.

Parfaitement bien, Socrate.

SOCRATE.

Et tellement qu'on sera saisi de peur ou de commisération en voyant ces deux ouvrages?

MNÉSARQUE.

On sera affecté à-peu-près de même que ceux qui ont vu ces objets en nature.

SOCRATE.

Je vous crois. Mais pourriez-vous représenter Oreste parlant à sa mère et à Egiste, peu de momens avant qu'il les immole aux mânes d'Agamemnon? ou bien Atrée, lorsqu'il offre à Thyeste l'horrible aliment qu'il lui destine?

MNÉSARQUE.

Tout de même.

SOCRATE.

Et tellement qu'on verra dans Oreste et Atrée ce qui se passe dans leur ame?

MNÉSARQUE.

Oui, Socrate, je le ferai.

SOCRATE.

Ainsi vos admirateurs verront dans votre Oreste et votre Atrée, ce que ni Egiste ni Thyeste n'ont vu dans l'original; car eux, ils s'y sont laissé prendre.

MNÉSARQUE.

— Mais on ne peut exprimer ce qui ne paroît pas. — Je sens l'effet que le prochain parricide doit causer dans l'ame d'Oreste, et c'est ce que j'exprime.

SOCRATE.

Par conséquent, mon cher, vous représentez Mnésarque empruntant le nom d'Oreste, et non le vrai Oreste. — Croyez-vous que si Damon vouloit imiter le doux concert des syrènes, il pourroit vous y faire sentir la cruauté vorace de ces monstres? Alors le prudent Ulysse n'eût pas eu besoin de se faire lier. Ainsi, mon cher Mnésarque, il vous faudra convenir que vous êtes du même avis qu'Aristophane; et j'en conclus qu'il y a des choses dans l'homme qui ne peuvent s'exprimer dans aucun art, par la raison qu'elles ne sont sensibles en aucune façon quelconque par dehors.

MNÉSARQUE.

Pourtant vous étiez tantôt d'un autre sentiment, Socrate; car vous avez dit que mon petit homme que voilà ne montroit pas seulement la force et l'agilité de son corps, mais tout ce qui est dans lui.

SOCRATE.

Je l'avoue, mais jusqu'ici il n'y a en lui que la sensation simple des choses qui l'entourent: c'est un miroir pur, qui ne fait encore que réfléchir les actions qui lui viennent par dehors; et vous me paroissez vraiment admirable, mon cher Mnésarque, par le choix du seul sujet dans lequel le dedans et le dehors peuvent également s'exprimer.

MNÉSARQUE.

Sauriez-vous donc me dire, Socrate, quelles choses peuvent être exprimées, et lesquelles ne le peuvent pas?

SOCRATE.

Cela me paroît assez simple, car les choses dont on ne sauroit avoir aucune notion quelconque, ne peuvent ètre ni imitées, ni exprimées, et celles dont on peut avoir des notions, le peuvent. Mais comment avez-vous des notions des choses quelconques, je vous prie?

MNÉSARQUE.

Mais par les yeux, par les oreilles, par le tact, par le goût, par l'odorat, par ce sentiment moral que je ne vous saurois bien dépeindre; et ces organes donnent à mon ame les idées ou les sensations de ces choses.

SOCRATE.

Je vous comprends; ainsi, lorsque vous voulez me donner à moi quelqu'idée, ou produire quelque sensation dans mon ame, il faut que vous vous serviez du chemin de mes yeux, de mes oreilles, de mon tact, goût, odorat, ou sentiment moral.

MNÉSARQUE.

Cela est certain.

SOCRATE.

Et lorsque vous voulez m'exprimer à moi, ou me donner des idées des choses qui existent ou qui ont existé, il faut que vous ayez eu les idées ou les sensations de ces choses par les mêmes chemins que nous venons de dire.

MNÉSARQUE.

J'en conviens facilement, Socrate.

SOCRATE.

Posons, Mnésarque, que vous ayez vu Oreste et Atrée dans les momens dont nous avons parlé. Vous n'avez pas vu ce qui se passoit au-dedans d'eux, en tant qu'ils ont eu la volonté et la puissance de vous le cacher. Or, ils ont eu cette volonté et cette puissance, puisque ceux qui étoient présens s'y sont trompés; par conséquent vous ne sauriez me représenter ce qui se passe dans Atrée et dans Oreste dans ces momens. Ainsi, il me paroît impossible qu'on puisse exprimer l'état d'un homme qui a la volonté et la puissance de se cacher. Ce n'est pas dans la harangue insolente que Thersite adresse aux rois assemblés, qu'Homère le dépeint vil et lâche. C'est lorsqu'il pleure, et qu'il a le dos courbé sous le sceptre du sage Ulysse; et nous voyons par-là, qu'on peut bien exprimer un homme qui a peur, mais non sa peur, ou qu'il est lâche, lorsqu'il n'y a rien qui lui fasse peur; et il en est ainsi de tous les défauts et de tous les vices des hommes, lorsqu'ils ont la faculté de pouvoir les cacher. Une chose ne paroît pas visible, lorsqu'elle n'est pas éclairée. Une lyre ne paroît pas sonore, lorsqu'elle n'est pas touchée, ou lorsqu'elle ne communique pas ses vibrations à l'air qui l'entoure.

MNÉSARQUE.

Je l'avoue, Socrate; mais ne sentez-vous pas que lorsqu'un homme est souvent en colère, souvent envieux, fourbe, jaloux, que les parties extérieures de son corps et de sa physionomie prennent par la routine journalière un pli qui reste, et qui montre évidemment qu'il est naturellement sujet à ces défauts?

SOCRATE.

Croyez-vous, Mnésarque, que la lyre que Damon touche tous les jours, vous fera mieux connoître par sa figure, les qualités du son qu'elle produit sous les doigts de Damon, qu'une lyre qui n'auroit jamais été touchée? Alors Alcamène auroit eu tort de faire sa Junon presqu'aussi belle et aussi aimable que sa Vénus aux jardins; tandis que les poëtes nous la dépeignent comme une épouse trop souvent hargneuse et incommode.

ARISTOPHANE.

Il faut pourtant dire, Socrate, que dans votre Junon, les plis de la méchanceté paroissent avoir de la consistance.

SOCRATE.

Je suis charmé, Aristophane, que ma Xan-
tippe devienne méchante lorsqu'elle vous
voit; mais avec moi, lorsqu'elle quitte ces
plis, je ne veux pas vous dire combien elle
est aimable. Mais, mon cher Mnésarque, dites-moi, je vous en prie, lorsque vous voyez
un corps en repos, comment jugez-vous que
ce corps est mobile? comment jugez-vous
qu'une chose est active, lorsque vous ne
voyez pas qu'elle agit? comment voyez-vous
dans le lion qui dort (alors le plus pares-
seux des animaux en apparence), la vigueur
et la véhémence de son activité?

MNÉSARQUE.

J'avoue que je ne le vois point, mais j'en
conclus, il me semble, que les hommes ne
sont pas ce que je ne puis exprimer par mon
art.

SOCRATE.

Vous savez pourtant, mon cher, que les
poëtes peignent souvent l'Amour comme le
plus terrible, le plus cruel et le plus fourbe
de tous les dieux. Pourriez-vous faire cela
dans votre art de même?

MNÉSARQUE.

Oui, sans doute.

SOCRATE.

Et comment vous y prendriez-vous, car il doit rester enfant pourtant?

MNÉSARQUE.

Pour le rendre terrible, je lui ferai mettre les pieds sur la foudre de Jupiter. Pour le représenter fourbe, il volera quelqu'arme au dieu des combats, ou la lyre à Apollon; et pour le montrer cruel, je lui ferai déchirer quelque chose.

SOCRATE.

Fort bien, Mnésarque; mais lorsqu'il dérobe la lyre ou les armes il ne paroît pas cruel, et lorsqu'il foule la foudre de Jupiter il ne paroît pas fourbe; il est évident par-là, que vous ne le faites paroître tel ou tel, que par telle ou telle action. Lorsqu'il se joue sur le sein de Dione, vous pourriez le rendre un peu malin peut-être, mais jamais fourbe, ni cruel ou terrible.

Il paroît donc que rien n'est visible dans un être intelligent, moral et actif, que ce qui constitue une action réelle et présente.

MNÉSARQUE.

Comment Socrate est-ce que la tristesse, l'abattement, la colère, la fausseté, l'avarice, l'envie, et enfin toutes les passions ne sont pas visibles dans les dehors de l'homme?

SOCRATE.

Une passion de l'ame n'est pas visible en qualité de passion de l'ame, mais en tant que cette passion agit sur les parties visibles du corps. Or, cette action est de deux différentes natures, l'une, comme dans la tristesse, l'abattement et l'espoir, lorsqu'elle change simplement les modifications des parties visibles du corps; l'autre, lorsqu'elle fait ce changement pour qu'il en résulte un effet au dehors, comme dans la colère, la crainte ou le désir. J'avoue, Mnésarque, que toutes ces passions peuvent être exprimées dans les physionomies et les attitudes des hommes; mais si je suppose à l'homme la volonté ou le pouvoir de les cacher, ces passions mêmes ne pourront pas être exprimées.

MNÉSARQUE.

En cela vous avez raison, Socrate.

SOCRATE.

Il me semble. — Mais, mon cher, je fais encore une réflexion. Ne confondriez-vous pas peut-être vertu, vice et défaut, premièrement, avec les passions de l'ame, et secondement, avec les actions qui en résultent; tandis que ce sont trois choses fort différentes.

CEBÈS.

Cette réflexion me paroît subtile, Socrate, et je vous prie de nous la détailler.

ARISTOPHANE.

J'y consens, mais vous avez si bien réprimandé le jeune et sage Mnésarque, que je vous prierai d'achever auparavant de le confondre, et de lui apprendre quel rang son art occupe dans les classes des arts, afin qu'il ne prenne plus la peine de descendre de la sculpture à la poésie.

MNÉSARQUE.

Oh! je ne crains pas d'être confondu par Socrate; ainsi, je le prie de vous contenter.

SOCRATE.

Je ne saurois être juge dans votre querelle, à moins que chacun de vous ne me veuille apprendre ce que c'est que son art. Alors je pourrai juger lequel de ces arts est le plus près de la perfection, comme les spectateurs, qui sont au bout du stade, jugent lequel de ceux qui le courent arrive le plutôt au terme. Ainsi, mon cher Mnésarque, vous qui êtes le plus jeune, dites-moi, je vous prie, ce que c'est que votre art de la sculpture ?

MNÉSARQUE.

Mais, Socrate, je ne vous comprends pas. — L'art de tailler des pierres et de les façonner.

SOCRATE.

Si Aristophane ou Agathon alloient nous répondre que leur art est celui d'écrire des caractères ou de proférer des paroles : ou si vous demandiez au cordonnier ce que c'est que son art, et qu'il vous répondît que c'est l'art de couper et de façonner le cuir, seriez vous content de cette réponse ? Non, sans doute. Mais si le cordonnier vous répond que c'est celui de faire des souliers qui vont bien aux pieds qu'on lui présente, il vous dit le but de son art et ce qu'il peut produire ; et voilà ce que je voudrois savoir du vôtre.

MNÉSARQUE.

Mon art, Socrate, est sans contredit le plus parfait de tous les arts, puisqu'il parle à deux sens à-la-fois, au tact et à la vue. Il est le plus parfait, parce qu'il représente parfaitement tout ce qui est représentable. Il est le plus parfait, puisqu'il est le seul des arts qui sache dompter le temps, en éternisant un heureux moment, et en le rendant visible de tous les côtés, et dans tous les siècles. Et je crois, Socrate, que cela suffit pour peindre la perfection de l'art de la sculpture, et sa prééminence par-dessus tous les autres arts.

SOCRATE.

Comme vous ne parlez que de sa perfection, je vous prie de m'éclaircir encore quelques doutes. Vous parlez de trois perfections : par rapport à la première, dites-moi, je vous prie, connoissez-vous la belle Polyxène de Polyclète de Sicyone, dont un poëte a dit, qu'il voit dans ses yeux toute la guerre de Troye?

MNÉSARQUE.

Si je la connois! et j'ose ajouter que le poëte a assez bien senti.

SOCRATE.

Je veux le croire. Mais ce que j'ai de la peine à croire, c'est qu'en touchant ses yeux, vous y sentiez la guerre de Troye.

MNÉSARQUE.

Vous voulez rire, Socrate : non. Lorsque

j'ai dit que la sculpture tient au tact, j'ai voulu dire que ce qu'elle représente est aussi solide que le sujet représenté l'est ou le pourroit être.

SOCRATE.

Ainsi elle ne parle pas au tact, mais beaucoup plus richement à la vue que tous les autres arts. Pour sa seconde perfection, elle tient à la vue, puisque nous avons dit qu'elle ne représente parfaitement que ce qui est visible. Et pour la dernière, mon cher, croyez-vous que la Progné d'Alcamène, qui délibère éternellement si elle tuera le petit Itys, fournit un moment heureux pour l'éternité ? Mais, dites-moi, je vous prie, pourquoi désirez-vous toujours de donner du mouvement à vos figures, de les faire parler, de leur inspirer de l'ame et de la vie, si éterniser le moment n'étoit pas une imperfection ? Votre art est obligé par sa nature d'anéantir le mouvement, la succession des actions, enfin, tout ce qui désigne l'énergie continue d'un être actif, et de réduire ce mouvement, cette succession, cette vie, au repos et à l'inertie ; et appelez-vous cela un privilège de votre art par-dessus les autres arts ? Il me semble que par-

là les seuls sujets que vous pouvez représenter avec vérité, se bornent au châtiment
de Niobé, ou aux malheureux qui regardent
la tête de la Gorgone. L'art d'Homère qui
met en action les dieux et les hommes, qui
se promène dans les siècles, qui monte à
l'Olympe, traverse les mers, et descend dans
cette nuit qui inspire de l'horreur aux immortels mêmes; cet art a un champ plus
vaste, il me semble, pour étaler sa richesse
et sa puissance [1].

ARISTOPHANE.

Je crois, Socrate, qu'il ne vous comprend
pas encore.

SOCRATE.

— Il ne faut pas prendre en mauvaise
part ce que je viens de dire, mon cher Mnésarque; et lorsque j'y pense, il me semble
qu'il se pourroit bien que nous nous fus-
sions trompés tous les deux, en cherchant
la perfection d'un art dans le nombre et la
diversité des choses auxquelles il pourroit
être appliqué.

MNÉSARQUE.

Comment cela, Socrate?

[1] Voyez la note à la fin de ce dialogue.

SOCRATE.

Parce que sur ce pied-là, l'art de supputer seroit le plus parfait des arts; car le nombre s'applique à tout ce qui peut être. Il paroît donc que, si chaque art a un but déterminé, il faudra chercher la perfection d'un art dans la perfection avec laquelle il approche de son but.

MNÉSARQUE.

Mais de cette façon l'art de supputer sera encore le plus parfait, ce qui est absurde, si vous le comparez à la sculpture, à la musique ou à la poésie.

SOCRATE.

En vérité, vous avez raison, Mnésarque, et quoique nous n'ayons rien dit qui ne me paroisse juste et raisonnable, je crois pourtant que nous avons pris un mauvais chemin dans nos recherches. C'est votre faute. Vous m'avez dérouté pour vous amuser, peut-être, en considérant vos arts en particulier. — Mais écoutez. — Nous autres, nous appelons les Scythes des barbares avec bien peu de raison; car ceux qui ont paru parmi nous, se sont montrés des hommes d'un grand sens et fort estimables. Je me rappelle qu'étant fort jeune, j'ai rencontré un étranger, Scythe de nation : il pouvoit avoir soixante ans ou environ, fort bel homme, et d'un regard vénérable. Il n'avoit rien dans son dehors qui annonçât un Scythe, car il avoit quitté l'habillement de son pays. Il vint à Athènes, après avoir fait le tour de toute la Grèce. Il étoit parent de ce Toxaris, auquel notre ville a décerné les honneurs divins, et dont on voit encore le monument près de la double porte à gauche en allant à l'académie. C'étoit le seul de sa nation qui depuis Anacharsis, fût venu en Grèce dans le vrai dessein de s'instruire. Un jour, se trouvant chez Aspasie, on le questionna sur la Grèce, et sur ce qu'il pensoit au sujet des arts et des sciences qu'il y avoit trouvés. Il répondit, qu'il trouvoit les Grecs beaucoup plus éclairés qu'il n'avoit pu s'imaginer ; mais la Grèce beaucoup moins qu'il ne l'auroit cru ; ayant peut-être en vue nos dissensions politiques, et la prodigieuse diversité de nos opinions. Lorsque Mnesicles lui dit, que c'étoit grand dommage que les arts n'étant pas cultivés dans son pays, il n'avoit pu saisir toutes les beautés de ces arts, ni en connoître la nature aussi parfaitement qu'un

Grec élevé au milieu d'eux; il répondit qu'il
se pourroit bien que quelqu'Athénien sentît
mieux que lui, quelques finesses et délica-
tesses de l'art, et plusieurs difficultés vaincues; mais qu'il étoit persuadé qu'il falloit
être Scythe pour juger de la nature de cet
art. Que les Grecs étoient trop artistes, que
chacun d'eux, très-excellent dans son métier, ne voyoit que son art assez distinctement, mais qu'il ne voyoit les autres arts
qu'à travers un nuage et sans intérêt; tandis
que le Scythe, entrant tout neuf dans la Grèce, recevoit les sensations de tous les arts
à-la-fois; que par conséquent tous avoient
le même ton pour lui, d'où il devoit résulter que le Scythe voyoit beaucoup mieux
leur ensemble et ce qui constitue leur nature. Comme ce qu'il venoit de dire annon-
çoit un homme qui avoit réfléchi, nous
brûlions tous d'envie de l'écouter. Aspasie
s'étant aperçue de notre désir, elle le pria
de nous communiquer ce qu'il pensoit sur
les arts; et voici ce qu'il dit, si je m'en souviens bien. L'art produit des effets pour l'utilité, l'usage et l'agrément des hommes; et
comme l'homme est un être composé d'une
ame et d'un corps, l'activité de l'art a deux

branches : l'une, l'utilité, l'usage ou l'agrément de l'ame ; l'autre, l'utilité, l'usage ou
l'agrément du corps. L'effet de l'art dans la
première branche, est d'enrichir l'ame, en
donnant ou en modifiant des idées ou des
sensations. L'effet de l'art, dans la seconde
branche, est d'enrichir le corps, en ajou-
tant aux organes et en les perfectionnant.
Par conséquent, la perfection de l'art consiste à enrichir le plus qu'il est possible,
d'un côté l'ame, et de l'autre le corps ; c'est-
à-dire, de produire le plus d'effet dans le
plus court espace de temps. A la première
branche appartiennent tous les arts nobles
et libéraux, comme la poésie, la sculpture,
la musique, la peinture et la rhétorique. A
la seconde branche appartiennent tous les
arts mécaniques, comme ceux du tailleur,
du charpentier, du cordonnier, du maçon,
du charretier, etc. Entre ces deux branches,
il y en a une troisième qui contient les arts
mixtes, comme l'architecture civile, navale
et militaire, et tous les arts de la seconde
branche, en tant que susceptibles d'ornemens. Je ne vous parlerai maintenant, dit-il,
que des arts de la première branche, parce
que l'application de ce que j'en pense aux

autres branches me paroît facile; et il con-
tinua ainsi. Les idées nous viennent de dehors par les organes, ou elles se composent
en dedans de nous. L'ouvrage du poëte, du
rhéteur, du peintre, du sculpteur et du
musicien, c'est de me donner les idées qu'ils
se proposent de me donner. Ils ont pour cela
deux moyens : l'un, de présenter à mes organes l'objet même de l'idée; l'autre, en m'o-
bligeant de me la former moi-même par des
signes; et ils peuvent de ces deux manières
pousser leur talent jusqu'à m'obliger, non-
seulement à recevoir ou à former les idées
qu'ils veulent, mais même à en composer
qui soient conformes à leur but. Le peintre,
le sculpteur et le musicien sont ceux qui
se servent le plus du premier de ces moyens;
l'orateur et le poëte employent le plus le
second : cependant le peintre, le sculpteur
et le musicien font usage du second dans
leurs ébauches ou esquisses; et l'orateur et
le poëte se servent du premier dans le genre
dramatique.

De ce que je viens de dire, ajouta-t-il, il
est évident que tous ces arts qui concernent
l'ame ont tous le même principe et le même
but; et j'avoue que le Jupiter d'Homère et

celui de Phidias ont offert également à mon esprit, ce que tous les hommes doivent adorer pour se sentir heureux. Vous voyez par-là, Athéniens, la prodigieuse puissance de l'art, beaucoup trop grande, et qui gouverne l'homme en dedans de lui, et s'empare de toute sa liberté. Comme en disant cela il me regardoit, je ne sais par quel hasard je lui dis : Excellent étranger, nous autres nous croyons que rien ne doit être plus libre que les arts, et que c'est à l'entière liberté dont ils jouissent parmi nous, qu'ils doivent leurs progrès et leur gloire. Si je vous disois, Socrate, reprit-il, que l'homme doit être libre, vous l'avoueriez sans doute ; mais si je voulois en conclure que l'assassin, le voleur de grand chemin, le sycophante doivent être libres, vous ne me l'accorderiez pas ; et, pour vous dire la vérité, je ne reviens pas de mon étonnement, lorsque je vois que dans votre république le gouvernement regarde avec indifférence un tyran dangereux, qui peut faire beaucoup plus de mal que les lois ne sauroient faire de bien ; car c'est le législateur même qu'il tient dans ses fers. Si vous tombiez de nouveau sous la domination d'un seul, non sous celle d'un Pisistrate ou du grand homme qui lui ressemblât, mais sous celle d'un despote dur et sévère, croyez-vous qu'il permettroit à vos sculpteurs de faire des statues de Jupiter libérateur, à vos poëtes de composer des hymnes à l'honneur de Hermodius ou d'Aristogiton, et à vos orateurs de prononcer l'éloge de vos héros de Marathon et de Salamine? Non, sans doute; et nous dirions, Socrate, que ce despote agit sagement pour la conservation de son gouvernement. Chez vous l'empire de l'art n'a point de bornes. Il règne dans vos assemblées publiques, dans vos tribunaux, sur vos théâtres, partout enfin; et quoique je sache ce qu'il ajoute à votre gloire, je n'oublie pas les maux qu'il peut produire. Dans les assemblées du peuple, où devroit présider la simplicité lacédémonienne, l'intérêt personnel, guidé par l'art, fait prendre les résolutions les plus nuisibles à l'état. Dans vos tribunaux, où devroit présider le bon sens pur à côté des lois, l'intérêt, la haine ou l'envie, soutenues par l'art, font gagner la cause à l'injustice. Sur vos théâtres, d'où personne ne devroit sortir que meilleur, la malignité et la calomnie, enveloppés dans l'art, se propagent dans les ames des specta-

teurs, et produisent les effets les plus fu-
nestes. Si l'effet de l'art n'étoit que de montrer les vertus ou les vices, ou les intentions
bonnes ou mauvaises de l'artiste, vous n'auriez qu'à lapider l'artiste qui produiroit de
méchans effets; mais il se propage à mesure
qu'il est analogue au caractère et au génie
de l'auditeur ou des spectateurs. Or, chez
vous l'auditeur et le spectateur c'est votre
despote; c'est un peuple éclairé, mais arro-
gant, cruel, actif, soupçonneux, malin, aimant les flatteurs par-dessus toute chose;
enfin (pardonnez-moi, excellens Athéniens),
si un homme du caractère de votre peuple
paroissoit chez nous autres Barbares, il n'y
passeroit guère pour homme de bien. Jugez
par-là ce que le vice, s'enveloppant dans
l'art, est capable d'effectuer. Je ne reviens
pas de mon étonnement, lorsque je vois un
peuple si singulièrement consacré à la divinité de la sagesse, si fertile en excellens
citoyens, et tant de fois vainqueur de la ty-
rannie, baiser la chaîne qui l'attache à son
malheur. Etonné de la hardiesse du discours
du Scythe, je lui dis : Sage étranger, je ne
comprends pas trop ce que vous venez de
dire, car nous envisageons l'art comme une

inspiration divine. Mon cher Socrate, me dit-il, vous vous trompez. Tout art est l'enfant bâtard d'un dieu. Vous savez que les dieux quittent souvent l'Olympe, le fond des mers et le Tartare, pour se mêler corporellement avec les corps humains qui leur plaisent, d'où sont nés Hercule, Persée, les Tyndarides, et nombre de héros et de demi-dieux qui sont devenus l'objet de notre culte; mais sachez que les ames des dieux se plaisent plus souvent encore à s'unir avec les ames humaines dont la beauté les attire, et c'est de ce mélange que naissent les arts. Celui de la législation et de la politique est enfant de l'ame de Jupiter, et de celle de Minos, de Solon ou de Lycurgue; la poésie sublime est née de l'ame d'Apollon, et de celle d'Homère, d'Hésiode ou d'Orphée; la sculpture et la peinture ont pour père Vulcain, et pour mères les ames de Dœdale, de Dipœnus, ou de votre Phidias. Heureux les hommes si leurs ames ne convoitoient que les dieux célestes! mais Pan, et les vilains satyres, et les divinités infernales, dont les noms mêmes font horreur, s'amusent à ce mélange monstrueux avec les ames des mortels, et c'est de là que naissent la musique

et la poésie lascives, l'art de la chicane, et
ce genre de bas-comique de nos jours, qui
apprend au peuple à haïr, à persécuter et à
détruire ceux qui seuls font sa gloire et son
bonheur. Lorsque le Scythe eut parlé de la
sorte, je lui dis : Respectable étranger, supposons que la décence permît qu'un Athénien fût d'accord avec vous, il lui resteroit
toujours le droit de vous demander comment vous pourriez empêcher ces mariages
clandestins des ames? Socrate, me dit-il, je
ne veux ni ne puis empêcher ces mariages.
Toutes les ames actives des hommes, qui
jouissent de toutes leurs facultés, sont constamment tourmentées d'un désir érotique,
et ne demandent qu'à être fécondées : toutes
se prostituent au premier qui leur convient.
Les ames belles et vertueuses trouvent leurs
amans parmi les divinités de l'Olympe; les
laides et les vicieuses ne soulagent leurs fureurs que parmi la lie des dieux terrestres,
et sur les rives du Cocyte et du Styx. Ce
n'est donc pas de ce côté qu'on pourroit tâcher de prévenir le mal; mais en indiquant
par des lois indestructibles les seuls sujets
auxquels il seroit permis aux arts de s'appliquer.

Pendant ce discours de Socrate, mon cher Hipponicus, le pauvre Aristophane faisoit la plus triste figure du monde. Il s'étoit flatté de rendre Mnésarque ridicule et de le mal-traiter; mais la harangue de ce redoutable Scythe en disposa autrement. Il ne savoit plus où se fourrer : il saignoit du nez, ou en fit semblant, et sortit sans nous regarder; et c'est pour cela que je m'étonne qu'il ait pu vous parler de ce qui se passa dans la suite à moins que Damon ou Agathon ne le lui aient raconté. Vous jugez bien, Hipponicus, qu'après son départ nous nous amusâmes beaucoup sur son compte, excepté Socrate qui, ayant été fort gai et enjoué jusques-là, paroissoit avoir l'air un peu sérieux et rê-veur; mais à la fin Cebès le tira de sa dis-traction, en lui rappelant qu'il avoit dit que les vertus, les vices et les défauts ne devoient pas être confondus ni avec les passions de l'ame, ni avec les actions qui en résultent. Il répondit qu'il avoit fait cette réflexion, lorsque Mnésarque avoit rangé dans la mê-me classe l'abattement, passion de l'ame qui ne paroît que par son inertie; la colère, passion de l'ame qui paroît parce qu'elle veut agir; la fausseté, vice de l'ame qui dans

sa perfection est absolument invisible, et l'a-
varice, défaut de l'ame qui cherche toujours
à se cacher; tandis que ces choses étoient
fort différentes, et dérivoient de différens
mélanges des facultés. En vérité, Socrate,
reprit Cebès, je ne saurois vous comprendre; car nos vertus, nos vices et nos défauts,
m'ont toujours paru des facultés de l'ame,
qui sont le résultat de l'éducation et de la
société, et non l'effet du mélange de facultés qui tiendroient à la nature de l'ame elle-
même. Ainsi, je vous supplie, si vous avez
encore quelques momens de loisir, de nous
dire ce que vous entendez par les facultés
de l'ame, et ce que vous pensez que leur mélange pourroit produire.

SOCRATE.

Je ne vous en puis rien dire, mon cher
Cebès, sinon ce que j'en appris autrefois de
la sage Diotime, cette femme célèbre, qui
savoit lire dans l'avenir; c'est la même qui
m'apprit à connoître l'amour, et c'est elle
encore qui m'apprit à me connoître moi-
même. — Si vous voulez que je vous répète,
autant qu'il est en mon pouvoir, la leçon
qu'elle m'a donnée à ce sujet, je le veux bien;
mais si vous y trouviez quelque chose à re-

dire, ou que vous vous aperçussiez de quelques obscurités, ce seroit à Diotime à vous éclaircir et à vous répondre et non à moi. — Ce que je puis vous assurer, c'est qu'elle m'a parfaitement convaincu. — Si sa leçon en peut convaincre d'autres, tant mieux, sinon, je ne saurois qu'y faire; car ce n'est que le tableau de ce que cette femme extraordinaire savoit, et paroît avoir vu par sa science divine.

Un jour, venant chez elle un peu plus tard que de coutume, elle me dit : Socrate, d'où venez-vous? qu'avez-vous? vous rêvez : regardez-moi. A quoi rêvez-vous? Je lui dis, sage Diotime, ne vous fâchez pas de ce que je sois rêveur. Je viens d'apprendre des choses si belles et si étranges, que j'ai peine à revenir de mon étonnement. J'ai passé une bonne partie de la journée chez Micyllus, du bourg de Thriase, qui étudie la médecine, et nous venons de lire ensemble le livre admirable du sage d'Abdère, qui traite de la nature du corps humain, des organes et des passions. — Et qu'est-ce que vous y avez appris, mon enfant, me dit-elle? J'ai appris, Diotime, lui dis-je, quelles sont les sources de nos vertus, de nos vices, de nos défauts et de nos passions; qu'il faut les chercher par l'anatomie, et qu'on les trouve dans le siége, la rareté, la surabondance, la couleur et l'âcreté de la bile : dans la constitution du foie : dans la lenteur ou la vélocité du mouvement du sang : dans son épaisseur ou sa fluidité : dans la complication, la grossièreté, la finesse ou l'élasticité de nos nerfs: dans leur correspondance mutuelle; et, en vérité, si je pense à tout ce qu'il dit sur la colère, la luxure, la tristesse, la gaîté, il me semble que le chemin qu'il prend dans ses recherches, indique un homme d'un très-grand esprit. — Mais vous souriez, Diotime. — Au nom du dieu d'Epidaure, dites-moi s'il a tort ou raison? Mon cher Socrate, me dit-elle, vous savez que, par le moyen de la pharmacie, on peut accélérer ou ralentir le mouvement du sang; augmenter ou diminuer l'élasticité des nerfs, et adoucir ou aigrir les humeurs; croyez-vous que, par le même moyen, vous rendriez Thersite un héros, et le fils de Nauplius un malhonnête homme? — Les dieux m'en préservent, Diotime, lui dis-je; et je sens bien à cette heure que l'Abdérite est dans l'erreur. — Pas tant que vous le pensez, reprit-elle. Vous n'avez

pas tort de croire Démocrite un grand génie, et lui il a raison de chercher la source
de nos vertus et de nos vices par le secours
de l'anatomie, s'il a en vue celle de l'homme, et non-seulement celle du corps humain.
Démocrite a du tact pour juger de la mollesse ou de la dureté des nerfs, et de la ra-
pidité du mouvement du sang : il a le goût
et l'odorat pour juger de l'âcreté des humeurs : il a des yeux pour juger de la couleur, de la configuration, et de la situation
des parties solides; mais ce qui lui manque,
c'est cet œil par lequel il pourroit s'apercevoir d'autres organes et d'autres parties de
l'homme, qu'il ne peut ni goûter, ni voir,
ni toucher, et dans lesquelles il trouveroit
avec bien plus de succès cette riche source
qu'il cherche. — Divine Diotime, lui dis-je,
vous pour qui le futur est présent, qui avez
commerce avec les dieux, apprenez-moi de
grace si nos ames jouissent de plus d'organes
que ceux que nous leur connoissons déjà?
Là-dessus elle m'embrassa tendrement, et
me tint ce discours qui ne s'effacera jamais
de ma mémoire.

Lorsque Jupiter avoit résolu de donner
l'existence à la race des humains, il créa lui-

même l'ame du premier homme, essence
pure, susceptible de toute espèce de sensation possible, et capable de toute espèce
d'action. La différence entre cette essence
et celle de Jupiter, est que celle-ci sent et
agit sans moyens par la toute-présence divine, tandis que l'autre a besoin de moyens
pour sentir et pour agir, ce qui constitue
les bornes de sa nature. Jupiter mit cette
essence entre les mains de Prométhée, afin
qu'il achevât l'ouvrage, en y attachant ces
moyens pour la rendre effectivement vivante, sensible et active. Comme capable d'activité, elle tenoit du dieu lui-même ce ressort vague, cette force de pouvoir vouloir
et agir, lorsqu'elle en auroit les moyens ; ou
plutôt la faculté que vous nommez velléité
étoit adhérente à sa nature. La première
chose que Prométhée y ajouta, ce fut un
réceptable de toutes les actions, de toutes
les sensations, perceptions ou idées qui devoient y entrer de dehors, et s'y imprimer ;
et c'est ce réceptable que vous appelez imagination. Dans cette imagination, qui n'est
pas d'une essence que vous appelleriez où
visible, ou sonore, ou tangible, Prométhée
y fit un nombre infini d'ouvertures ou d'is-

sues par où devoient entrer les actions, les perceptions, les sensations ou les idées de différens genres à l'infini, et à chaque ouverture il fit une espèce de tuyau, qui étoit analogue à l'espèce de perception ou de sensation qu'il devoit recevoir et transmettre au grand réceptacle. Pour recevoir les actions des essences en tant que visibles, il fit le tuyau, dont le bout est l'organe que nous appelons l'œil, et qui est analogue à la lumière, le seul véhicule qui peut propager les actions d'une essence en tant que visible. Pour recevoir les actions des essences en tant que sonores, il fit le tuyau dont le bout est l'organe que nous appelons l'oreille, qui est analogue à l'air, le seul véhicule qui peut propager les actions d'une essence en tant que sonore; et ainsi à l'infini. Sage et sacrée Diotime, lui dis-je, permettez que je vous interrompe un instant. Vous dites que cette imagination a un nombre infini de tuyaux et de bouts, pour recevoir les différentes actions des essences qui sont hors d'elle; je ne connois cependant que trois ou quatre de ces organes, et qui sont tous matériels. D'où vient que les autres ne le sont pas? — Mon cher Socrate, me dit-elle, un jour vien-

dra que vous recevrez des idées et des sensations à travers tous ces tuyaux et ces bouts,
et alors ils vous paroîtront tous également
matériels; car vous appelez matière tout ce
qui vous donne des idées quelconques, au
moyen des organes que vous connoissez.
Mais vous allez me faire encore la question,
pourquoi vous ne recevez pas des perceptions et des sensations à travers ces autres
ouvertures? Songez, Socrate, que l'ame humaine ne jouit pas de la toute-présence
comme l'ame de Jupiter; par conséquent
les actions des essences de dehors sur elle,
doivent être transportées par le moyen d'un
véhicule quelconque. L'action d'une essence
visible est propagée à l'aide de la lumière:
celle d'une essence sonore est transportée
au moyen des vibrations de l'air. Sachez, Socrate, que les mouvemens de tous ces véhicules n'ont pas les mêmes vélocités. Le mouvement de l'air est moins prompt que celui
de la lumière, et il y a des milliers de véhicules, dont les vibrations ne sont pas encore
arrivées jusqu'aux tuyaux qui sont faits pour
les recevoir. Voyez cette étoile brillante d'O-
rion; s'il n'y avoit que dix mille ans qu'elle
fût sortie du sein de la nature, il vous fau-

droit bien des siècles encore avant que vous
vous aperçussiez de son existence; et supposons qu'il n'y eût rien de visible que la
brillante étoile d'Orion, il vous faudroit
bien des siècles avant que vous sussiez que
vous avez ce bout de perceptibilité, ce tuyau
que vous appelez l'œil.

Voilà donc l'homme doué de cette velléité, de ce principe actif qu'il tenoit de Jupiter, et de cette vaste imagination, ce réservoir de toutes les idées et de toutes les
perceptions possibles. Mais Prométhée crai-
gnant, avec raison, le désordre de l'inutilité
de tant de perceptions hétérogènes, s'avisa
d'une chose fort hardie. Il déroba une étincelle de cette intelligence divine, de ce feu
sacré qui brûle sans cesse devant le trône
de Jupiter, et qui répand son énergie par
toute l'Olympe. Il en forma cet organe ou
cette faculté que nous appelons l'intellect.
Le gouvernement du grand réservoir fut
confié à ses soins: il a l'œil sur toutes les
perceptions et sur toutes les idées qui y entrent; il les range; il les dispose; il les compare; il les fait accoupler, et les compose
pour en faire naître d'autres. En un mot, ce
gouvernement est entièrement despotique

et doit l'être, comme dans Nestor, dans
Palamède et dans Ulysse; car lorsque la dé-
mocratie s'en mêle, et que ces idées ou ces
perceptions se révoltent et brisent le sceptre
de l'intellect, c'est le désordre de Penthée
ou des Corybantes. Les hommes, jouissant
de cette velléité active, de cette vaste imagination et de cet intellect, étoient des êtres
très-imparfaits, et Prométhée s'étoit rendu
coupable envers les dieux, sans aucune utilité pour les hommes. Vous savez son triste
sort sur le mont Caucase, où il expie son
crime et sa mal-habileté. Mais voyez les effets de la faute qu'il venoit de commettre.
Les hommes, doués de ces trois facultés, n'a-
voient rien qui les liât ensemble. C'étoient
des êtres isolés. Chacun étoit pour soi. Toute
la jouissance n'étoit que la sensation de la
destruction d'un obstacle. Tous les arts utiles
à ces individus, et par conséquent nuisibles
à leur société, furent bientôt les productions de ces riches intelligences. On fouilla
les entrailles de la terre. L'or et le fer en sor-
tirent. Le Tien et le Mien naquirent, et la
terre fut abreuvée de sang. Typhée, En-
celade, Porphyrion, et leur horrible en-
geance, virent le jour; et ils auroient fini

comme les fruits de Cadmus, s'il n'y avoit
pas eu des dieux à combattre. Jupiter ayant
foudroyé ces monstres, délibéra sur la destruction entière de la race des humains. La
seule divinité qui nous sauva de la colère
de ce dieu, c'est la déesse qui veille sur vos
jours, Socrate; c'est Vénus Uranie, l'Amour
céleste, qui, s'approchant du trône de Jupiter, lui dit : Père des dieux et des hommes , pourquoi détruire le bel ouvrage
ébauché par vos mains? Prométhée a failli.
Il satisfait à votre justice. Mais si jamais je
vous ai fait jouir de vos propres travaux, si
le bonheur est le fruit de nos amours éternels, si vous goûtez dans mes bras la pléni-
tude de votre puissance, accordez - moi la
gloire de finir ce que vous avez commencé.
L'arbitre de l'univers sourit et baise le front
de l'immortelle. Elle descend, et avec elle
les amours, les vertus, et tout ce qui fait la
béatitude du céleste séjour. Les exhalaisons
éthérées qui précèdent ce cortège se répan-
dent sur toute la surface du globe. Les ames
humaines dont la source est divine, s'imbi-
bent aisément de l'haleine de la déesse,
comme la Pythie se remplit de l'esprit de
son dieu. A l'instant même le monde change

et la terre est couverte de fleurs. L'homme vole vers l'homme pour l'embrasser, pour lui jurer un amour éternel : il est plus, il jouit plus dans l'autre que dans lui-même; dans l'autre il sent les besoins de l'autre et s'y soulage soi-même. Il vit et adora pour la première fois l'auguste image de la justice dans la figure de son frère. Il n'est pas possible d'imiter mieux dans la nature humaine la toute-présence des dieux. Astrée et la paix règnent, et l'âge d'or paroît. L'Amour céleste sourit à son ouvrage. Le sourcil du père des dieux en courroux est terrible, et fait trembler l'Olympe entier; mais le ris de la Vénus céleste purifie le ciel et la terre, et déride à l'instant le front de Jupiter. A ce ris, l'Olympe quitta l'Olympe, et les dieux et les hommes furent confondus.

Je vous parle de temps fort reculés, Socrate. Depuis ces heureux temps, l'homme n'a pas su garder en entier le don précieux de la déesse; cependant il en a conservé le germe, qui, cultivé avec soin, produit les mêmes fruits.

Grande Diotime, lui dis-je, en vérité, votre anatomie me paroît plus intéressante que celle de l'Abdérite. Je sens vos quatre facultés chacune à part, et sans mélange avec les autres. Je sens que voir, vouloir, aimer et raisonner, sont des choses d'une nature entièrement différente; mais pardonnez si je vous importune encore, en vous priant de m'apprendre comment nos vertus, nos vices et nos défauts dérivent du mélange de ces facultés?

Rien n'est plus aisé, Socrate, reprit-elle, après ce que vous venez de me dire. Vous voyez que la première de ces quatre facultés, la velléité, n'est ni organe ni moyen, mais qu'elle tient à l'essence de l'ame elle-même. Elle constitue toute son activité, et la manifeste en se déterminant elle-même en volontés particulières. Lorsqu'elle ne se détermine pas en volontés, elle n'est qu'un principe d'activité vague, qui se laisse déterminer en volontés particulières par les impulsions les plus fortes qui lui viennent de dehors, soit du côté de l'imagination, soit du côté de la sensibilité morale, ou bien de tous les deux ensemble. Que la seconde, qui est l'imagination, est le réceptacle de toutes les idées qui viennent de dehors, que l'intellect y compose ou que la velléité y fait reparoître. Que la troisième, ou l'intellect, a premièrement l'intuition vague de toutes les idées quelconques que l'imagination contient, et ensuite la faculté de composer, comparer et décomposer ces idées, et dans cette dernière qualité on l'appelle raison. Et que la quatrième, ce principe, ce moyen, cet organe moral, donne les sensations de tout ce qui tient au moral. Cet organe a deux parties distinctes : par l'une, l'ame est totalement passive ; elle est affectée d'amour, de haine, d'envie, du désir de la vengeance, de pitié, de colère : par l'autre, elle juge, elle modifie, elle modère, elle incite, ou elle calme ces sensations, et travaille sur ces sensations, à-peu-près comme l'intellect travaille sur les idées que l'imagination lui présente ; et de même que l'intellect, d'ailleurs soumis à la velléité pour ce qui regarde sa direction vers tel ou tel sujet, juge si la velléité déterminée, ou les volontés sont conformes ou contraires au possible ; de même l'organe moral, dans sa qualité de juge, d'ailleurs soumis à la velléité, pour ce qui regarde son activité, juge si sa velléité déterminée ou ses volontés sont conformes ou contraires au juste ; et de même que le contradictoire répugne à l'intellect, de même l'injuste répugne à l'organe moral, en tant que juge, c'est-à-dire, en tant qu'on l'appelle communément conscience.

Considérez à présent une ame dont la velléité est vague, c'est-à-dire, qui ne se détermine pas en volontés particulières par elle-même, mais se laisse déterminer en volontés pour manifester son activité, par les impulsions de son imagination : une ame, dont l'intellect n'est nullement exercé, pour autant qu'il compare ou compose des idées ; une ame, dont l'imagination est si pauvre, qu'elle ne donne à la velléité pour la déterminer qu'une seule impulsion, ou qu'elle ne lui en donne que très-peu ; une ame, enfin, dont l'organe moral n'est rien : vous aurez un animal ou un enfant nouveau né, et avec une seule impulsion de l'imagination sur la velléité vague, ou avec un petit nombre de ces impulsions, vous comprendrez aisément la nature et la force de ce qu'on appelle instinct.

Supposez une ame dont la velléité est assez forte, dont l'organe moral est négligé comme juge, et foible comme sensible, une ame dont l'intellect est formé, et dont l'imagination est médiocrement remplie d'idées, on aura un homme ordinaire de la première espèce. Vous voyez aisément que cet homme, dont les actions dérivent de la velléité vague déterminée en volontés particulières par les impulsions de l'imagination, laquelle par la constitution du corps est plus inclinée à telle espèce d'idées qu'à telle autre, que cet homme, dis-je, est proprement dirigé par la constitution de son corps, et qu'en supposant même son intellect très-bien formé, cet intellect ne produira d'autre changement dans les actions de cet homme, que de les rendre plus raffinées et plus compliquées. Ces actions pourtant, qui produisent nécessairement quelques effets, soit indifférens, soit salutaires, soit préjudiciables à la société, on les range dans les classes des vertus et des vices, comme générosité, prodigalité, avarice, modestie, vanité, bassesse, continence, luxure, douceur, cruauté; quoique ces actions ne soient proprement que les effets nécessaires de la constitution corporelle de cette espèce d'hommes. Il est évident, par ce que je viens de dire, Socrate, que les hommes de cette espèce ne sont ni vertueux, ni vicieux, et qu'ils ne méritent ni louanges ni punitions. Pour les punitions,

la société les leur inflige pour prévenir les
crimes qui nuisent à la société, et qui pourroient résulter, dans l'avenir, de leurs actions, qu'on appelle fort improprement vicieuses.

Supposez une ame dont la velléité est assez forte, dont l'imagination est médiocrement remplie d'idées, dont l'intellect est bien
conformé, mais dont la sensibilité morale
est excessive, et la partie juge de cet organe
ou foible ou négligée, on aura un homme
ordinaire de la seconde espèce, et dont la
velléité sera déterminée en volontés par
cette sensibilité morale toute seule. Il est
évident que cet homme, gouverné au hasard
par les actions morales qui lui viennent de
dehors, paroîtra tour à tour vicieux ou vertueux, suivant les accidens qui surviendront,
et il aura autant de pitié du pauvre, qu'il
croira dans le malheur, que de colère et de
haine contre celui dont il prétendra avoir reçu quelque offense.

Supposez une ame dont la velléité est active et se détermine avec facilité en volontés particulières, dont l'organe moral est
défectueux, négligé, ou plutôt subjugué ou
assujéti par cette velléité active et détermi-

née, tellement que cette velléité ne se sert
pas de cet organe pour lui faire comparer
ses volontés déterminées au juste ou à l'injuste; dont l'intellect est bien formé, ayant
toute l'agilité et toute la promptitude possible; enfin, dont l'imagination est vive, et
retient long-temps les idées qu'elle reçoit;
on aura un homme réellement vicieux, soit
qu'il commette des crimes, c'est-à-dire, des
actions contraires à la loi établie dans telle
ou telle société, soit qu'il n'en commette pas;
et cela par la raison qu'il manque ou qu'il
ne fait pas usage de la seule mesure qui sert
à comparer ses volontés déterminées au juste
et à l'injuste. Plus l'intellect de cet homme
sera perfectionné, et son imagination riche
et bien composée, plus il sera vicieux et dangereux. C'est dans cette classe qu'on doit
ranger les hommes cruels et les grands scé-
lérats.

Supposez, enfin, une ame grande et ro-
buste, dont la velléité vague a toute son élasticité, et se détermine elle-même en volontés particulières avec facilité et toujours;
dont l'organe moral a toute sa sensibilité et
toute sa perfection; dont l'intellect est exercé et parfait au possible, et dont l'imagina-

tion reçoit et représente à l'intellect toutes les idées également claires et distinctes; lorsque toutes ces parties sont également parfaites, c'est dans une ame telle que se montre en même temps la vertu suprême et la vraie sagesse. Cette ame, Socrate, est l'être le plus riche dont nous saurions avoir une idée dans notre état actuel, et il n'y a aucune comparaison possible entre lui et entre ceux qui composent les quatre premières classes. Il est vrai que le hasard peut donner dans ces classes quelquefois l'apparence d'une seule action isolée, qui paroîtroit dériver de l'ame d'un Palamède, d'un Gelon ou d'un Aristide; mais ce n'est qu'une apparence passagère, qui n'a aucune vertu pour origine. Dans l'ame de Palamède, de Gelon ou d'Aristide, toutes les facultés de l'ame, également parfaites, sont dans une harmonie complète. Toutes les actions qui dérivent de l'activité de ces êtres sont uniformes, puisque l'ame en les projetant s'est servie de tous ses outils à-la-fois. Toutes ses parties s'identifient, pour ainsi dire, dans des ames pareilles, par un exercice continuel, et le moment où la velléité se détermine, est le même où l'organe moral juge du juste, l'intellect du possible, et où l'imagination déploie ses brillantes richesses; et voilà la raison de ce ton de simplicité qu'on admire, et qui étonne dans les actions de l'homme vraiment grand. Quoiqu'il soit vrai que la vertu réelle ne se trouve que dans cette dernière classe, il seroit peu consolant pour l'humanité si cette classe n'étoit composée que du petit nombre de héros parfaits dont je viens de parler. Heureusement il y a plusieurs personnages moins parfaits qui peuvent y entrer et la décorer. Ce sont ces ames dont les facultés ou les organes ont des degrés différens de perfection, et qui manquent par conséquent de cette heureuse harmonie, de cet équilibre, qui dérive d'une perfection égale dans tous les membres; ce sont même ces ames dont les organes les moins importans seroient défectueux.

Si on considère leur pente continuelle vers la vertu, le bonheur et la perfection, la prodigieuse activité interne avec laquelle ils combattent même l'apparence du vice, quoique leurs actions paroissent avoir quelque chose d'inégal et de raboteux, on ne sauroit leur refuser sans injustice de les mettre, à peu de chose près, au rang heu-

reux de ces premiers; et même il est évident
que ce rude exercice non interrompu, qui
se fait pourtant dans la présence si prodigieusement énergique des dieux immortels,
auxquels un tel travail ne sauroit déplaire,
les portera dans un autre état à un degré de
vigueur et de perfection où les autres ne
sont arrivés plus commodément que par
une composition un peu plus riche, ou une
nature un peu plus heureuse.

Par tout ce que je viens de vous dire, Socrate, il est évident que dans la première
classe il ne sauroit y avoir des vertus, des
vices, des défauts, ni des crimes ; que dans
la seconde, il n'y a ni vertu, ni vice, qu'il
n'y a que des défauts, et qu'il peut y avoir
des crimes; que dans la troisième, il n'y a
que des défauts tour à tour sous l'apparence
des vices ou des vertus, et qu'il peut y avoir
les plus grands crimes; que dans la quatrième, il n'y a point de vertus, mais de grands
vices, d'où peuvent dériver de grands crimes; et que dans la cinquième, il y a des
vertus, quelquefois des défauts, point de vices, quoiqu'il puisse y avoir par hasard des
crimes dans cette classe.

Il s'ensuit encore que la vertu suprême

consiste dans la prodigieuse richesse de l'a-
me; dans l'activité de la velléité à se déterminer; dans la sensibilité et l'activité de l'organe moral; dans l'agilité et la justesse de
l'intellect; dans la clarté et la richesse de
l'imagination; dans l'équilibre ou la perfection égale et proportionnée de ces quatre
facultés, et dans l'emploi combiné et instan-
tané que l'ame sait faire de la détermination
de sa velléité. Que les vices dérivent du trop
grand pouvoir de la velléité ou de la sensibilité morale, et du mauvais emploi qui résulte des autres facultés, et que les défauts
n'ont leur source que dans la foiblesse de la
velléité, qui ne sait se déterminer elle-même, et qui par conséquent reste en proie à
l'imagination et à la sensibilité morale.

Voilà, Socrate, la théorie vraie de l'ame
humaine en tant que vous pourriez la comprendre. Son utilité est triple : elle sert à
mieux connoître les hommes, à perfectionner l'éducation, et à nous rectifier nous-
mêmes.

Pour ce qui est de la connoissance des
hommes, il est évident que si vous saviez
dans un individu quelconque les perfections
et les imperfections réciproques de sa vel-

léité, de son principe moral, de son intellect et de son imagination, vous pourriez
dire exactement quelles vertus, quels vices
et quels défauts résultent de son ensemble.
Si vous prenez, par exemple, Achille, Ulysse
et Diomède, trois personnages chez qui toutes les facultés se trouvent à un point de
perfection et de richesse extraordinaire ;
vous verrez que dans Achille la velléite trop
violente, et une sensibilité trop vive du moral, s'emparent de toute sa riche composition, et offusquent la partie juge du moral
et de l'intellect ensemble. D'où il suit qu'A-
chille a tout ce qui constitue le héros, et
non ce qui fait le grand homme. Dans
Ulysse la perfection de son imagination, et
la prodigieuse agilité de son intellect, bri-
dent et gouvernent parfaitement sa velléité
forte et active, mais elles obscurcissent son
moral, qui, lorsqu'il prend le ton de la sagacité, perd de son éclat et acquiert quelqu'apparence de vice. Ainsi, Ulysse, le sage Ulysse, n'est ni grand homme, ni héros.

Diomède, moins riche que ces deux, a
beaucoup plus d'harmonie dans son ensemble. Il est héros et approche plus du grand
homme. Voyez le fils d'Anchise, trop peu de

velléité, d'intellect et d'imagination à proportion de la sensibilité et de l'activité de
son moral, le rendent pieux et débonnaire,
mais foible; et le fils d'Anchise n'est ni grand
homme, ni sage, ni héros.

Pour ce qui concerne l'éducation, en prenant pour base que ces quatre facultés constituent l'essentiel de l'ame humaine dans
cette vie, vous pouvez étudier dans un enfant avec facilité ces quatre parties séparément, et en connoître la valeur et les imperfections réciproques, et vous pouvez
modifier ensuite ces facultés tellement vis-
à-vis l'une de l'autre, qu'il en résultera le
plus grand bien et le moindre mal qui soit
possible. Dans une ame, où la velléité est
foible et ne se détermine pas, et où la sensibilité morale paroît petite, il ne faut pas
enrichir l'imagination qui sera la directrice
et la déterminatrice de la velléité. Il faut
mettre, autant que possible, du choix dans
l'espèce d'idées qui y entrent, et en même
temps il faut perfectionner, autant que possible, l'intellect qui compose et compare les
idées, afin que cette imagination qui va gouverner le tout, quoique tenue pauvre pour
ce qui regarde la quantité des idées, soit

aussi réglée qu'il se pourra. Dans ces enfans rares, chez qui la partie juge du moral se manifeste clairement, on devra perfectionner toutes les autres facultés autant que possible. Dans un enfant dont la velléité sera violente, l'imagination vive et la sensibilité morale foible, il faut appauvrir toutes les facultés pour prévenir le mal, ou bien, il faut tâcher de dompter cette velléité fougueuse par des obstacles continuels et imprévus, et en même temps perfectionner l'intellect autant que possible, pour que les idées dans l'imagination s'accoutument à l'ordre. Enfin, il faut observer que la velléité, ou le degré de la force de vouloir, ne peut être ni augmentée ni diminuée dans elle-même, mais qu'on peut l'exercer ou en rendre l'activité plus ou moins fréquente, par des motifs qu'on puise dans l'imagination ou dans le moral; que la sensibilité morale, le présent le plus beau et le plus funeste que nous tenions des mains des immortels, est celle de nos facultés qui demande le plus de soin. Lorsqu'elle est forte et vive, elle nous trompe. Le moindre objet de pitié réel ou apparent l'attire. Elle se tourne avec facilité vers la miséricorde, la bienfaisance et le soulagement des autres.

Nous la laissons sans bride avec plaisir, puisqu'alors ses effets ont l'apparence de vertus par le bien qui en résulte; mais une fois en liberté, la moindre offense apparente ou réelle l'attire avec la même violence, et sa haine, sa colère et sa vengeance sont des vices bien plus réels, que sa pitié vive et tendre n'est une vertu réelle. Il s'ensuit, que cette sensibilité ne doit jamais marcher seule et sans le juge et l'intellect à ses côtés; car elle maîtrise la velléité beaucoup plus despotiquement que l'imagination la plus vive; et ce n'est qu'accompagnée du juge moral et de l'intellect qu'elle est la mère de toutes les vertus, et qu'elle décore la sagesse; que cette partie juge du moral ne peut être perfectionnée dans elle-même, mais qu'on peut en rendre l'activité plus ou moins fréquente en offrant à la sensibilité morale des objets choisis à cette fin; que l'intellect peut être perfectionné par un exercice ou continuel ou violent, et que l'imagination s'enrichit par le travail, et se perfectionne par les opérations de l'intellect.

Si vous regardez à l'utilité qui résulte de cette théorie pour nous-mêmes, vous verrez avec quelle précision et avec quelle facilité

nous pouvons parvenir aux vraies sources
de nos vices et de nos défauts, quelque profondément cachés qu'ils puissent être, et
nous trouverons tout à côté les vrais moyens
qu'il faudra prendre pour nous rectifier.
Lorsque nous jugeons des autres par cette
théorie, des circonstances inconnues nous
induisent en erreur, mais dans nous-mêmes
toute relation est connue. Si, pour nous perfectionner nous-mêmes, il falloit comparer
nos facultés à celles de Codrus, de Solon ou
de Périclès, j'avoue que nous ne pourrions
pas trop nous fier sur l'impartialité de notre
jugement; mais il s'agit de notre bonheur
et de notre perfection individuelle, ce qui
ne demande que la connoissance de la force
ou de la foiblesse réciproque de nos facultés, telles qu'elles puissent être; leur richesse
dépend des dieux. Parvenus à cette connoissance, il faut un travail rude dans le
commencement, mais qui bientôt cesse de
l'être, et nous fait trouver la plus parfaite
aisance dans une activité uniforme. Il faut
empêcher qu'aucune de ces facultés ne
prenne l'empire sur les autres. Il faut qu'elles ne se heurtent, ni ne se choquent, ni ne
se contredisent. Il faut leur apprendre à

marcher de front, à s'aimer, à se respecter,
à se secourir, à faire un tout harmonieux
ensemble. Voilà la perfection où l'homme
peut parvenir par ses propres forces avec
les facultés qu'il se connoît déjà. Sa perfection et son bonheur est l'harmonie dont je
vous parle; et comptez, mon cher Socrate,
que ce n'est pas sur les crimes ou sur les
belles actions que Minos et Rhadamante jugent les ames dans les enfers : c'est sur le
degré de cette harmonie qui mesure la pureté de la conscience et la vigueur de la
vertu.

A ces mots, je me jetai sur la main de Diotime, et, en la baisant avec transport, Diotime, lui dis-je, quel nom dois-je vous donner désormais, car votre figure est humaine?
— Mon cher Socrate, mon fils, me dit-elle,
votre amour pour la vérité vous a acquis
toute ma confiance et mon intérêt. — Je veux
être vraie avec vous. — Vous me croyez,
avec le vulgaire, un être d'une nature différente de la vôtre. Vous êtes dans l'erreur.
Les dieux, plus justes dans la distribution
de leurs dons, accordent aux hommes des
facultés de même nature, mais c'est dans
l'intensité de leurs facultés et dans l'usage

qu'ils en font, qu'il faut chercher la cause des distances prodigieuses que vous apercevez de l'homme à l'homme. Quant à nous autres devins, qui paroissons plus élevés que le reste des mortels, sachez que nous-mêmes n'avons pas d'autre échelle pour monter à la hauteur où vous nous contemplez. Nous sommes montés plus vîte, et voilà tout notre avantage; mais cet avantage est grand. Il faut pour l'obtenir le courage et la volonté d'entreprendre un grand travail, de la constance pour le soutenir, et de la force pour l'exécuter. C'est avec des ailes semblables que quelques ames heureuses s'élèvent. Elles se livrent tout entières au soin de se perfectionner. Elles se dégagent de tout ce qu'il y a de terrestre et de périssable autour d'elles. Elles accélèrent leur développement, et de nouveaux organes se manifestent. C'est alors que nos rapports avec les dieux deviennent plus immédiats, et que l'univers se manifeste à nous de plusieurs côtés, qui sont encore dans le néant pour vous et pour les autres hommes. C'est alors que le brillant spectacle des richesses de l'ame humaine se montre à découvert, et c'est alors, enfin, que, voyant les rapports des effets à leurs

causes, nous pénétrons dans l'avenir, et ob-
tenons de ceux qui nous sentent, sans pouvoir nous comprendre, le titre mystique
de devins. — Mon cher Socrate, l'astre du
jour qui ne voit que ce qu'il éclaire, n'a pas
été toujours si brillant et si beau. A sa naissance, il fut enveloppé dans une croûte
opaque noire et épaisse; mais la violence de
ses feux internes, et l'énergie qu'il portoit
dans son sein, l'ont dégagé de ces croûtes
dans la suite des temps et des siècles, et l'u-
nivers s'est déployé à ses yeux. C'est là le
plus parfait symbole de l'ame, au moment
qu'elle dérive de l'activité de son auguste
cause. Le plus beau travail de l'homme, Socrate, c'est d'imiter le soleil, et de se débarrasser de ses enveloppes dans aussi peu
de siècles qu'il est possible; et lorsque l'ame
est toute dégagée elle devient toute organe.
L'intervalle qui sépare le visible du sonore
est rempli par d'autres sensations. Toutes les
sensations se lient et font corps ensemble,
et l'ame voit l'univers non en dieu, mais à
la façon des dieux.

Lorsque Socrate eut parlé de la sorte,
mon cher Hipponicus, nous fûmes tous af-
fectés de différentes manières. Mnésarque ne

paroissoit pas trop le comprendre. Damon
dit que Diotime avoit raison de placer la
perfection dans l'harmonie ; Cebès avoit l'air
d'un homme étonné de la soudaine apparition d'une grande lumière, et Agathon dit,
je suis charmé, Socrate, des beaux discours
de votre Diotime; mais ne trouvez-vous pas
qu'il y a un grand rapport entre le langage
de la philosophie et le dithyrambe? Beaucoup, reprit Socrate, car tous les deux sont
dictés par les dieux; mais le dithyrambe,
mon cher Agathon, est inspiré par le dieu
des vins, et la philosophie par la divinité de
la sagesse. Agathon vouloit répliquer, lorsque mon bon voisin Télécles vint frapper à
ma porte en heurlant et me criant de toute
sa force : Simon! Simon! venez à mon secours! ma pauvre épouse va rendre l'ame:
que deviendrai-je, moi, avec mes pauvres
enfans? Nous sortîmes tous, moi pour con-
soler mon pauvre Télécles, et les autres
pour aller au Lycée, où Socrate et Agathon
continuèrent, à ce que j'appris ensuite, leur
entretien sur le dithyrambe.

NOTE
DE L'ÉDITEUR.

L ES limites qui séparent la poésie de la peinture et de la sculpture, que M. Hemsterhuis ne fait qu'indiquer en passant, *à la page 249 de ce volume*, forment un des plus curieux et des plus difficiles points de l'histoire des arts qui tiennent à l'imitation. Nous croyons donc faire plaisir au lecteur de lui mettre ici sous les yeux les idées du célèbre G. E. Lessing sur ce point, que nous tirerons d'un de ses ouvrages qui manque encore à la littérature française [1].

La brillante antithèse, que la peinture est une poésie muette, et que la poésie est une peinture parlante, né se trouve consacrée dans aucun livre de précepte sur les arts. Ce fut une saillie d'esprit de Simonide. Voilà ce que les anciens n'ont sans doute pas ignoré ; et comme ils bornèrent l'application du précepte de Simonide à l'effet produit par les deux arts, ils n'oublièrent pas que, malgré la parfaite identité de cet effet, ces deux arts offrent néanmoins des disparités, tant dans les objets qu'ils se proposent pour but, que dans la manière d'imiter ces objets.

[1] *Laokon, oder über die Grenzen der Mahlerey und Poesie. In-8º. Berlin*, 1788.

Plusieurs juges modernes de l'art, partant de cette parfaite conformité dans l'effet de la peinture et de la poésie, et négligeant les disparités frappantes, dont nous venons de parler, en ont tiré les conclusions les plus absurdes. Tantôt ils renferment la poésie dans les limites étroites de la peinture; tantôt ils laissent la peinture parcourir la sphère étendue de la poésie.

Cette critique, fondée sur le sentiment, a quelquefois séduit jusqu'à un certain point les artistes mêmes; elle a inspiré au poëte le goût de tracer des tableaux; et au peintre l'envie d'employer l'allégorie : le premier, voulant produire des tableaux parlans, sans connoître au juste ce qu'il peint et ce qu'il doit peindre; et le second, cherchant à mettre sur la toile des poëmes muets, sans savoir jusqu'à quel point il peut exprimer des idées générales, sans s'écarter des bornes qui lui sont prescrites, et sans se livrer à des compositions arbitraires.

Posons d'abord, que sous le nom de peinture nous comprenons tous les arts qui tiennent au dessin, et dont l'imitation se borne à un seul moment, et que nous rangeons dans la classe de la poésie tous les autres arts qui ont le droit d'imiter successivement les objets qu'ils se proposent de faire connoître : les premiers peignent dans le temps, et les autres dans l'espace.

Les arts qui tiennent au dessin demandent qu'on mette des bornes à l'expression, et qu'on ne la porte point au plus haut degré possible. En voici les raisons. L'artiste ne peut saisir de la nature, toujours mouvante, qu'un seul instant, instant que le peintre ne peut même représenter que sous un seul aspect Il est

donc certain que ce seul moment, et le seul aspect
de ce moment, ne peuvent être rendus avec trop de
soin pour être utile. Or, il n'y a d'utile que ce qui
laisse un libre essor à l'imagination. Plus nous voyons,
plus notre esprit doit concevoir d'idées, et plus nous
avons d'idées, plus aussi nous devons nous imaginer
voir de choses. Cependant dans tous les degrés successifs d'une passion, il n'y a point d'instant qui offre
moins cet avantage que celui où la passion est montée
à son plus haut degré. Au-delà de ce degré, il ne reste
plus rien ; et exposer à l'œil ce degré extrême, c'est
ôter à l'imagination ses ailes. C'est ainsi qu'en faisant
pousser des soupirs concentrés à Laocoon, on peut
supposer qu'on lui entend jeter de hauts cris ; mais
du moment qu'on l'entend crier, l'esprit ne peut plus
aller au-delà sans le voir dans un état pitoyable, et
par conséquent peu propre à inspirer de l'intérêt. On
ne l'entend encore que soupirer, ou bien il est déjà
mort à nos yeux.

Si, par le pouvoir de l'art, ce moment est prolongé
sans interruption, il faut qu'il n'exprime que ce qui
ne peut être considéré que comme passager. Tous les
objets qui, d'après nos idées, se montrent soudain,
et qui disparoissent de même, de manière que ce n'est
qu'instantanément qu'ils peuvent être ce qu'ils sont ;
tous ces objets, soit qu'ils nous paroissent agréables
ou révoltans, deviennent, par la prolongation de la
durée que leur donne l'art, si peu vraisemblables à
nos yeux, que chaque fois que nous les voyons leur
impression est plus foible ; de sorte qu'à la fin leur
vue nous ennuie et nous cause du déplaisir.

Timomaque, le peintre de l'antiquité le plus célèbre

dans l'art d'exprimer le plus haut degré des passions, a néanmoins su éviter le défaut dont nous venons de parler, en représentant sa Médée, non au moment où ses enfans sont les victimes de sa haine, mais quelques instans auparavant, lorsque le désir de la vengeance est encore combattu par l'amour maternel; et son Ajax furieux n'est point occupé à exercer sa rage sur les bestiaux qu'il prenoit pour des hommes; mais quand, après avoir commis ces excès insensés, il est assis, pensif et méditant le projet de se détruire lui-même [1].

Sans examiner ici jusqu'à quel point le poëte peut réussir à peindre les beautés corporelles, il faut convenir que, comme l'immense empire de la perfection lui est ouvert, le voile visible sous lequel cette perfection se change en beauté, est un des moindres moyens par lesquels il peut nous intéresser au sort de ses héros. Quelquefois il néglige entièrement cette ressource; persuadé que si ses personnages ont gagné notre affection, leurs qualités morales nous occuperont tellement que nous perdrons tout-à-fait leur figure de vue; ou que, dans le cas que nous nous les rappellions encore, les perfections de leur ame nous porteront à leur en supposer une belle, ou qui du moins n'a rien de désagréable. Lorsque le Laocoon de Virgile jette de grand cris, quel est le lecteur qui songe, en lisant ce passage, qu'il faille ouvrir beaucoup la bouche pour crier de la sorte, et que cette grande ouverture de la bouche est un objet désagréable? Il suffit que le *clamores horrendos ad sidera tollit* fasse un

---

[1] Philost. *Vita Apoll.* Lib. II, c. 22.

bon effet à l'oreille ; et il est indifférent quelle sensation cela produise sur l'organe de la vue. Le poëte a
manqué son but entièrement pour quiconque pourroit exiger que dans ce moment Laocoon eut une belle
figure.

Rien n'oblige le poëte à concentrer son tableau
dans un seul moment. Chaque moment d'un sujet,
qui pour le peintre est un tableau complet, ne coûte
qu'un seul trait au poëte ; et si ce trait en particulier
pouvoit blesser l'imagination du lecteur, celui-ci se
trouveroit du moins tellement préparé par ce qui précède , ou seroit tellement apaisé ou satisfait par ce
qui suit, que cette impression désagréable s'efface-
roit bientôt de son esprit, ou produiroit même avec
le reste un admirable effet. Le poëte dramatique se
trouve ici dans le même cas que l'artiste, parce qu'il
ne se borne pas simplement, comme Virgile, au récit
de ce qu'a fait son personnage, mais qu'il le fait agir
lui-même sur la scène.

Nous voyons donc que, malgré toute la beauté du
tableau de Virgile, il y a cependant plusieurs choses
qu'il n'est pas permis à l'artiste d'imiter, et qu'il faut
mettre des restrictions à la règle, qu'une bonne description poétique doit produire un beau tableau en
peinture, et que le poëte n'a bien réussi à peindre
qu'autant que l'artiste peut le suivre dans tous ses détails.

Lorsqu'on dit que l'artiste imite le poëte, ou que
le poëte imite l'artiste, cela peut s'entendre de deux
manières différentes : savoir, que l'un prend pour
objet immédiat de son imitation, l'ouvrage de l'autre ;
ou bien qu'ils ont choisi tous deux le même objet pour

but de leur imitation, et que l'un prend de l'autre la manière d'imiter cet objet.

Quand Virgile décrit le bouclier d'Enée, il imite, dans le premier sens, l'artiste qui avoit fait ce bouclier. C'est l'ouvrage de l'art, et non ce qui étoit représenté sur cet ouvrage qui fait l'objet de son imitation ; et s'il parle de ce que l'artiste y avoit sculpté, ce n'est que comme faisant partie de l'armure, et non à cause de ces choses mêmes. Mais si, comme on le prétend, Virgile avoit imité véritablement le groupe de Laocoon, ç'auroit été alors de sa part une imitation de la seconde espèce ; puisque ce n'est pas ce groupe, mais ce qu'il représente qu'il auroit imité, et dont il auroit seulement emprunté les traits de son imitation. Dans la première supposition, le poëte est original, mais dans la seconde, il ne doit être regardé que comme copiste.

Lorsqu'on veut faire une comparaison entre l'artiste et le poëte, comme ayant traité le même sujet, on ne doit pas négliger d'examiner si l'un et l'autre ont eu toute la liberté nécessaire pour se livrer à l'impulsion de leur génie. L'artiste de l'antiquité se trouvoit souvent gêné en cela par sa religion. Son ouvrage, destiné à servir d'objet de culte, ne pouvoit pas toujours avoir toute la perfection dont il auroit été susceptible s'il n'avoit fallu que satisfaire les yeux auxquels il devoit être exposé. La superstition chargeoit les êtres supérieurs de symboles, et les plus belles de ces divinités n'étoient pas adorées partout comme les plus douées de beauté. On ne devroit considérer comme véritables productions de l'art que les ouvrages qui n'étoient pas destinés au culte public ; car sans cette distinction le connoisseur et l'antiquaire se trouveront sans cesse en contradiction, faute de pouvoir s'entendre.

Lorsque le poëte personnifie des idées abstraites, elles sont suffisamment reconnoissables par le nom qu'il leur donne, et par la manière dont il les fait agir.

Ces moyens manquent à l'artiste. Il faut par conséquent qu'il joigne aux idées abstraites qu'il personnifie des symboles par lesquels on puisse les reconnoître. Or, comme ces symboles sont des choses différentes des figures qu'elles accompagnent, et offrent une figure particulière à l'esprit, ils servent à rendre ces figures allégoriques.

Il y a cependant des attributs par lesquels le poëte peut, aussi-bien que l'artiste, désigner les idées abstraites ; je veux dire les attributs qui ne sont pas de simples allégories, mais des objets dont les figures qu'ils accompagnent peuvent se servir comme de personnages véritablement en action.

Il y a des cas où l'artiste a plus de mérite à copier la nature par l'intervention du poëte que sans ce moyen. Le paysagiste qui, d'après une description de Thompson, représente un beau site, fait plus que celui qui copie simplement la nature. Ce dernier a son modèle devant les yeux, tandis que le premier est obligé d'exercer son imagination jusqu'à ce qu'il se persuade de voir réellement l'objet qui ne subsiste que dans son esprit.

Le poëte jouit d'un plus grand avantage quand il traite un sujet ou un caractère déjà connu. Il peut alors passer sous silence mille petits détails, qui sans cela seroient nécessaires pour l'intelligence de l'ensemble ; et plutôt il se rend intelligible à ses lecteurs , plutôt aussi il peut les intéresser. Ce même privilège appartient au peintre.

Qu'on unisse maintenant ensemble ces deux idées , que l'invention et la nouveauté du sujet ne sont pas , il s'en faut de beaucoup , ce qu'on désire le plus dans un tableau ; qu'au contraire , un sujet connu contribue à faire produire à l'art son effet , et à le rendre agréable ; et je pense qu'on s'apercevra que la raison pour laquelle l'artiste se soucie si peu d'offrir de nouveaux sujets ne doit être attribuée ni à son ignorance, ni à la difficulté de la partie mécanique de l'art , etc. , qui exigent tout son temps et toute son attention, comme le prétend le comte de Caylus ; mais on la trouvera mieux fondée dans le soin qu'il prend de nous plaire , en ne laissant point peiner notre esprit pour comprendre des sujets qui nous sont étrangers. On conçoit le conseil que Protogène reçut d'Aristote après qu'il eut peint la mère de ce philosophe : « Peignez, lui dit-il, les actions d'Alexandre, » qui remplissoient alors le monde d'étonnement , et dont il prévoyoit bien que la postérité la plus reculée seroit instruite ; mais Protogène ne fut pas assez sage pour suivre cet avis : *Impetus animi*, dit Pline, *et quædam artis libido*[1] ; une certaine fierté de l'art , une certaine fureur pour ce qui étoit singulier et neuf, arrêtèrent son pinceau sur d'autres objets , et il préféra de représenter un Jalysus, un Cydippe, dont on ignore parfaitement l'histoire.

Homère a employé deux espèces d'êtres et d'ac-

____

[1] *Lib. XXXV , sect.* 36 , *pag.* 700 , *edit. Hard.*

tions ; savoir, des visibles et des invisibles. La peinture n'a pas le pouvoir d'indiquer cette distinction ;
chez elle tout est visible, et visible d'une seule et même
manière.

Quand le comte de Caylus fait donc suivre, sans
interruption, des actions supposées invisibles à celles
qui sont naturellement visibles ; lorsque, dans des
tableaux, à des actions mêlées auxquelles des êtres
invisibles prennent part, il n'indique pas, et ne peut
probablement pas indiquer, comment ces êtres, que
nous spectateurs devons voir dans ces tableaux, peuvent y être introduits, de manière que les personnages qui composent le sujet ne les aperçoivent point,
ou du moins ne paroissent pas nécessairement les
apercevoir, il faut que cette suite de tableaux, et
même quelques tableaux en particulier, offrent une
discordance qui ne permet point d'en comprendre la
fable.

On pourroit, à la vérité, remédier à ce défaut en
tenant toujours le livre à la main. Le plus grand mal
est qu'en employant cette ressource du peintre pour
distinguer les êtres visibles de ceux qui ne le sont pas,
on se trouve privé de tous les traits caractéristiques
qui servent à distinguer ces derniers des premiers.

Lorsque, par exemple, les divinités qui s'intéres-
sent au sort des Troyens, et celles qui demandent
leur perte, en viennent aux mains entr'elles, tout ce
combat est supposé invisible chez le poëte [1] ; et cette
invisibilité permet à son imagination d'étendre le
champ de la scène, et de donner à la stature ainsi

____

[1] *Iliad. lib. XXI, v.* 385.

qu'aux actions des dieux toute la grandeur, toute la force et toute la puissance sur-humaine qu'il juge convenable. Mais le peintre doit employer un site déterminé, qui devient nécessairement une espèce de mesure commune par laquelle nous jugeons les dimensions des personnages; de sorte que ces divinités, qui chez le poëte nous inspirent de grandes idées, doivent paroître petites, ou d'une forme colossale et monstrueuse.

Minerve, contre laquelle Mars fait, dans le combat des dieux, la première attaque, recule, et de sa puissante main saisit une grande pierre noire, toute brute, que, dès les siècles les plus reculés, plusieurs bras d'hommes avoient roulée en cet endroit pour y servie de borne. Pour bien juger de la grandeur de cette pierre, il faut se rappeler qu'Homère donne à ses héros le double de la force des hommes les plus robustes de son temps, qui cependant devoient le céder encore en vigueur aux hommes que Nestor avoit connus dans sa jeunesse. Je demande maintenant de quelle stature doit être Minerve pour qu'elle puisse lancer contre Mars une pierre qui avoit été roulée pour servir de borne, non par un seul homme, mais par plusieurs hommes du temps de l'adolescence de Nestor? Si la stature de la déesse n'est pas proportionnée à la grosseur de la pierre, le tableau offrira une invraisemblance choquante, qui ne se trouvera pas lévée par la réflexion qu'une déesse doit être douée d'une puissance sur-humaine. Toutes les fois que je vois de grands effets, je veux aussi apercevoir de grands moyens.

Mars, jeté à terre par cette masse énorme, couvre

de son corps sept arpens. Il est impossible que le peintre donne au dieu de la guerre cette grandeur déme-
surée, cependant s'il ne la lui donne pas, ce n'est plus
le Mars d'Homère, c'est un simple soldat.

Le moyen auquel la peinture a recours pour faire
comprendre que, dans ses compositions, une chose
doit être considérée comme invisible, c'est un léger
et diaphane nuage dont le personnage ou l'objet se
trouve en partie enveloppé. Cette ressource paroît
être puisée dans Homère même ; car lorsque dans la
mêlée d'un combat, un héros du premier ordre se
trouve dans un danger imminent, duquel il ne peut
être tiré que par l'intervention d'une puissance sur-
naturelle, le poëte le fait environner d'un épais nuage
ou des ombres de la nuit par la main de la divinité
qui le protège ; et c'est ce brouillard, ce nuage, cette
nuit, que le comte de Caylus n'oublie pas de recom-
mander au peintre comme utile dans les tableaux qui
représentent de semblables sujets. Mais il n'y a personne qui ne s'aperçoive que chez le chantre d'Achille
cet enveloppement dans un nuage ou dans les ténèbres de la nuit, n'est qu'une expression purement poétique, qui répond à celle de rendre invisible. Il est
donc étonnant qu'on ait songé à la réaliser et à l'exprimer dans l'art par un nuage proprement dit, derrière lequel le héros se cache comme derrière un pa-
ravent, pour se soustraire à son ennemi.

Il est vrai qu'Homère fait encore porter trois coups
de lance par Achille contre l'épais nuage dans lequel
Apollon enleva Hector à sa fureur [1]. Mais, dans le

---

[1] *Iliad. lib. XX, v.* 446.

langage du poëte, cela ne signifie également autre chose sinon qu'Achille étoit si emporté par sa colère, qu'il avoit donné trois coups de lance avant qu'il se fût aperçu qu'il ne se trouvoit plus en présence de son ennemi. Quelquefois Homère met en usage un autre moyen, en supposant que ce n'est point l'objet qui devient invisible, mais que c'est le sujet qui est affligé d'aveuglement. C'est ainsi que Neptune frappe de cécité les yeux d'Achille pour dérober Enée à ses mains meurtrières [1]. Le poëte ne se sert de ces manières de s'exprimer que pour donner une idée de la vîtesse avec laquelle il suppose que ses personnages sont enlevés au danger.

Les peintres ne se sont pas seulement servi du nuage d'Homère pour faire disparoître, comme ce poëte, leurs personnages ; mais encore toutes les fois qu'ils ont voulu que le spectateur vît quelque objet que les personnages des tableaux étoient tous, ou quelques-uns d'entr'eux, supposés ne point apercevoir. Minerve n'étoit visible que pour Achille seul, lorsqu'elle le retint au moment qu'il alloit se jeter sur Agamemnon. « Je crois, dit le comte de Caylus, que pour « faire sentir, comme le dit Homère, que la déesse « n'est vue que du seul Achille, le peintre pourroit « employer une vapeur, ou plutôt un nuage, dont « Minerve seroit environnée par rapport à ceux qui « composent le conseil ; je ne vois point d'autre moyen « pour conduire le spectateur à l'idée du poëte. [2] » Mais cela contredit exactement l'idée du poëte : l'in-

[1] *Iliad. lib. XX, v.* 321.
[2] Tableaux tirés de l'Iliade, tab. V, p. 10.

visibilité est l'état naturel des divinités. Il n'est pas besoin de cécité, ni d'interception des rayons de lumière, pour qu'on ne les aperçoive point : il faut, au contraire, que l'œil soit frappé d'une plus grande intensité de lumière, et que les nerfs optiques se trouvent doués d'une force majeure pour qu'il soit permis d'être convaincu de la présence des dieux. Le secours d'un nuage n'est donc qu'un signe arbitraire et non naturel chez le peintre, mais il ne sert même pas à remplir l'objet qu'on se propose par là, qui est de rendre la chose intelligible ; puisqu'il l'emploie aussi-bien pour dérober le visible à la vue, que pour rendre visible ce qui est supposé ne point l'être.

Que suit-il donc de ce que nous venons de dire ? Que la plupart des belles descriptions d'Homère ne peuvent fournir de beaux tableaux au peintre ; et que celui-ci peut trouver des compositions convenables pour son art dans les endroits du poëte qui n'offrent à la lecture aucune image bien pittoresque ; que les passages où le poëte est peintre, et que l'artiste peut employer, ne seroient que de pitoyables tableaux, s'ils ne présentoient pas davantage à l'esprit que l'artiste ne peut lui offrir.

S'il est donc vrai qu'un poëme peut être fort secourable au peintre sans qu'il contienne lui-même de grands tableaux ; et si, en raison contraire, un ouvrage poétique peut offrir des beautés pittoresques, sans qu'il soit de quelque utilité pour l'artiste, le comte de Caylus se trompe certainement, lorsqu'il prétend : « Que le nombre et le genre de tableaux « que présentent les poëmes sont une espèce de pierre « de touche, ou plutôt une balance certaine du mé-

« rite de ces poëmes et du génie de leurs auteurs [1]. »
Il faut par conséquent se garder d'admettre cette saillie d'esprit du comte de Caylus, dont Milton seroit
injustement la première victime. Il y a des faits pitto-
resques par leur nature, et d'autres qui ne le sont
pas : l'histoire peut raconter ceux qui sont le plus
susceptibles d'images d'une manière sèche et aride ;
tandis que le poëte a le pouvoir de former les plus
beaux tableaux des événemens qui paroissent les
moins propres à fournir des descriptions pittoresques.

C'est donc par le double sens attaché à ce mot
qu'on se laisse séduire, quand on considère la chose
sous un autre point de vue. Un tableau poétique n'est
pas rigoureusement ce qui doit être mis sur la toile :
chaque trait, chaque réunion de différens traits, par
lesquels le poëte nous rend son sujet si sensible que
nous avons une idée plus nette de ce sujet que des
mots mêmes qu'il emploie pour le décrire, est ce qui
s'appelle peinture ou tableau, à cause que par-là
nous approchons davantage du degré d'illusion dont
le tableau matériel est plus particulièrement susceptible, et dont il est plus facile de faire, dans le tableau, abstraction de l'artiste.

Or, nous savons par l'expérience que le poëte a le
pouvoir de donner ce degré d'illusion à d'autres objets qu'à ceux qui sont visibles ; par conséquent, il
y a des classes entières de tableaux que le poëte peut
employer, et qui ne sont pas convenables pour le
peintre. L'ode de Dryden, sur le pouvoir de la musique, est pleine de peintures musicales que l'artiste

---

[1] Tableaux tirés de l'Iliade ; avertissement, pag. 5.

ne peut employer. Mais nous ne nous arrêterons pas
à démontrer la vérité de pareils exemples, d'autant
plus que cela ne serviroit qu'à prouver que les couleurs ne sont pas des sons, et que les oreilles ne sont
pas des yeux.

Quoique le tableau du quatrième livre de l'*Iliade*,
qui nous offre Pandarus rompant, à la persuasion de
Minerve, l'alliance entre les Grecs et les Troyens,
par une flèche qu'il décoche contre Ménélas, et celui de l'assemblée des dieux tenant conseil dans l'O-
lympe, soient tous deux composés d'objets matériels
et visibles, et par conséquent convenables pour la
peinture, ils offrent néanmoins cette différence entr'eux que le premier est une action visible d'une
marche progressive dont les diverses parties se présentent l'une après l'autre, par succession de temps;
tandis que le dernier est une action visible instanta-
née, dont les différentes parties se remplissent tout
à-la-fois, dans un espace donné quelconque. Or,
comme la peinture ne peut employer par succession
de temps ses moyens ou ses signes représentatifs,
qu'elle a la faculté de lier entr'eux *dans l'espace*, elle
ne peut pas regarder comme de son domaine les actions progressives, et doit se contenter d'actions ins-
tantanées ou d'objets placés les uns à côté des autres,
qui, par leur position particulière et réciproque,
fassent concevoir un événement. La poésie, au contraire, ne peut peindre que *dans le temps*, c'est-à-
dire, par succession de temps.

S'il est vrai que le peintre emploie des signes ou des
moyens tout-à-fait différens de ceux dont se sert le
poëte, savoir de figures et de contours dans l'espace;

tandis que celui-ci fait usage de sons articulés dans le temps ; et si d'ailleurs il est incontestable que les signes représentatifs doivent avoir un rapport convenable avec la chose représentée, j'en conclus, que des signes placés les uns à côté des autres, ne pourront représenter que des objets placés les uns à côté des autres, et dont les parties se trouvent dans cette même disposition ; pendant que les signes qui se succèdent ne peuvent exprimer que des objets qui succèdent les uns aux autres, ou dont les parties se succèdent entr'elles.

Les objets qui existent les uns à côté des autres, et dont les parties existent de cette manière entr'elles, s'appellent généralement *corps*. Par conséquent les corps avec leurs qualités visibles sont les objets qui conviennent véritablement à la peinture.

Les objets qui se succèdent les uns aux autres, et dont les parties se succèdent aussi entr'elles, s'appellent généralement *actions* ; donc les actions sont les véritables objets que la poésie doit se proposer de traiter.

Cependant tous les corps existent non-seulement dans l'espace, mais aussi dans le temps. Ils continuent d'exister, et peuvent pendant chaque instant de leur durée se montrer sous un différent aspect et sous un autre rapport. Chacun de ces aspects et de ces rapports momentanés est l'effet ou le résultat d'un de ces aspects ou de ces rapports précédens, et peut, à son tour, être la cause ou l'occasion d'un rapport ou d'un aspect subséquent : il a par conséquent les qualités requises pour servir de point central à une action. Il est donc aussi au pouvoir de la peinture d'imiter des actions, mais cela seulement d'une manière indicative, en employant pour cet effet des objet corporels.

D un autre côté, les actions ne peuvent subsister par elles-mêmes, mais doivent être liées à de certains corps. Pour autant donc que ces êtres sont des corps, ou peuvent être considérés comme tels, la poésie peint aussi des corps, mais cela simplement d'une manière indicative, par le moyen des actions.

La peinture ne peut, dans ses compositions, saisir qu'un seul instant d'une action, et doit par consé-quent choisir celui qui comporte le plus grand inté-rêt, et par lequel on puisse le mieux comprendre, et ce qui a précédé, et ce qui doit suivre.

C'est ainsi que la poésie ne peut, dans sa partie imitative, employer qu'une seul qualité des corps, et doit conséquemment prendre celle qui donne l'idée la plus sensible du corps dont elle l'emprunte.

Delà résulte la règle de l'unité des épithètes pitto-resques, et de la sobriété dans l'emploi des objets cor-porels. Cette conclusion est confirmée par Homère, qui ne peint que des actions successives ; et tous les corps, comme des objets particuliers, n'entrent dans ses compositions qu'en tant qu'ils ont part à des ac-tions, et cela, en général, par un simple trait.

L'observation de la succession du temps est pres-crite au poëte, ainsi que celle de la succession de l'es-pace l'est au peintre.

Ce qu'on vient de dire des objets corporels en gé-néral, est bien plus applicable encore aux beautés physiques en particulier.

La beauté physique résulte de l'effet harmonique

des différentes parties que l'œil peut embrasser dans un seul et même moment. Elle demande par conséquent que ces parties soient placées les unes à côté des autres ; et comme les objets dont les parties se trouvent les unes près les autres sont le véritable but de la peinture, elle peut, et peut elle seule, imiter la beauté corporelle.

Le poëte, qui ne peut exposer que successivement les élémens qui concourent à composer la beauté, doit s'abstenir absolument de peindre la beauté corporelle, considérée uniquement comme beauté. Il doit sentir que ces élémens, ou ces parties, exposés les uns après les autres, ne peuvent, de toute impossibilité, produire le même effet qu'ils produisent lorsqu'ils se trouvent disposés les uns à côté des autres ; que le coup-d'œil général que nous rapportons sur ces parties, immédiatement après en avoir fait l'énumération, ne nous offre point une image qui y réponde d'une manière satisfaisante ; qu'il est au-dessus de l'effort de l'esprit humain de se représenter quel effet doit résulter de telle bouche, de tel nez et de tels yeux, composant l'ensemble d'un visage, si, d'après la nature ou d'après l'art, on ne peut pas se rappeler un assemblage de pareilles parties.

Ici Homère nous servira encore d'exemple : il dit, Nircée étoit beau ; Achille étoit encore plus beau : Hélène étoit douée d'une beauté divine ; mais nulle part il ne fait une description détaillée de cette beauté, quoiqu'elle fût l'objet de son poëme. Virgile, Anacréon, Lucien, etc., ont tous imité en cela la sage réserve d'Homère. Que faut-il donc conclure de ceci ? si ce n'est que dans ces cas la langue est, par elle-même, sans force, que la poésie ne fait que bégayer, et que l'éloquence devient muette toutes les fois que l'art ne leur sert pas en quelque façon d'interprète.

La poésie n'est cependant pas privée du pouvoir de nous donner une vive image de la beauté. Homère, qui a soin de ne point peindre en détail toutes les parties de la beauté, ne manque point de nous en offrir un tableau frappant dans l'endroit où Hélène se rend dans l'assemblée des plus âgés d'entre les Troyens. Les plus vénérables de ces vieillards la regardent, et se disent l'un à l'autre? « Faut-il s'étonner que les « Grecs et les Troyens souffrent tant de maux, et « depuis si long-temps, pour une beauté si parfaite? « Elle ressemble véritablement aux déesses immor- « telles [1]. »

Il y a un autre moyen par lequel la poésie peut égaler et même surpasser l'art dans la peinture de la beauté corporelle; c'est en changeant la beauté en grace, qui peut être considérée comme la beauté mise en action; de sorte qu'elle semble être moins du ressort du peintre que de celui du poëte. Le pouvoir du peintre ne s'étend qu'à laissser deviner l'action de ses personnages, qui sont véritablement immobiles. La grace devient donc chez lui grimace et contorsion; tandis que chez le poëte elle conserve toute son inté-grité, et demeure en ce qu'elle est une beauté tran-sitoire, que nous désirons de revoir. Et comme, en général, il est plus facile de nous rappeler un mouve-ment ou une attitude, que des formes et des couleurs, et que l'impression en est plus profonde, il faut que

[1] *Iliad. liv. III.*

l'effet de la grace de cette attitude ou de ce geste, demeure imprimé plus vivement dans notre esprit que l'image de la beauté.

Mais d'où vient qu'il a été permis à Homère de peindre dans Thersite toutes les parties qui concourent à former la laideur, tandis que cette ressource lui a été défendue relativement à la beauté, par la nature de la chose même? L'effet de la laideur ne se trouve-t-il pas aussi bien éludé par une énumération des élémens qui la composent, que l'effet de la beauté est anéanti par une pareille énumération de ses parties intégrantes? Certainement; mais c'est en cela même qu'Homère se voit justifié. C'est parce que dans la peinture de la laideur corporelle, cette laideur devient moins frappante, et perd, en même temps, de l'effet qu'elle doit produire comme laideur, que le poëte peut en faire usage; et l'objet qu'il ne peut employer par lui-même, il s'en sert comme d'un moyen pour produire, et pour renforcer des sentimens mixtes, pour en occuper notre esprit au défaut de perceptions plus pures et plus agréables.

Ces sentimens mixtes sont le ridicule et le terrible. Homère représente Thersite laid pour le rendre ridicule; mais ce n'est pas par sa seule laideur qu'il devient un objet risible; elle n'est qu'une imperfection; et pour exciter le ridicule, il faut un concours de perfections et d'imperfections [1]. Il est en outre nécessaire que cette opposition ne soit ni trop sentie, ni trop tranchante; il est même essentiel que ces

____

[1] Moser Mendelssohn, *Philosophische Schriften*, 2ᶜ vol. p. 23.

qualités contradictoires se fondent, pour ainsi dire,
les unes dans les autres.

Voilà l'emploi que le poëte peut faire de la laideur
des formes. Quel parti est-il maintenant permis au
peintre d'en tirer?

La peinture, comme art d'imitation, peut exprimer la laideur; comme bel art, elle ne doit pas la
rendre. La laideur des formes blesse notre vue, révolte notre goût, comme contraire à l'ordre et à l'harmonie des parties; et elle inspire de l'aversion, sans
que pour cela nous ramenions notre pensée sur l'existence réelle de l'objet dans lequel nous la remarquons.
Thersite est un objet révoltant pour nous, tant dans
la nature que dans l'art; et si dans l'art il nous déplaît moins, ce n'est pas qu'il cesse d'être laid dans
l'imitation, mais seulement parce que nous avons la
faculté de faire abstraction de cette laideur, pour ne
considérer que le talent du peintre.

La peinture peut-elle se servir de formes désagréables pour faire naître le ridicule et le terrible?

Il est incontestable que la laideur, qui n'est pas
nuisible, peut devenir ridicule dans la peinture, principalement quand l'affectation de paroître beau ou
d'être considéré s'y trouve liée à cette idée. Il est également incontestable que la laideur jointe au pouvoir
de nuire inspire de l'effroi, tant dans l'art que dans
la nature; et que ce ridicule et ce terrible qui, par
eux-mêmes, sont des sentimens mixtes, deviennent,
par l'imitation, plus intéressans et plus satisfaisans.

Je dois néanmoins faire remarquer que la peinture
ne se trouve pas ici tout-à-fait dans le même cas que
la poésie. Dans la poésie, la laideur des formes perd

presqu'entièrement son effet désagréable par le changement qu'éprouvent ses parties coexistantes dans le
temps ; elle cesse également, sous ce même point de
vue, d'être laideur, et peut par conséquent se lier
d'autant mieux avec d'autres attributs, pour produire
un nouvel objet. Dans la peinture, au contraire, la
laideur conserve toute sa force réunie, et ses effets
ne sont guère moins sensibles que dans la nature
même. La laideur innocente ne peut donc demeurer
long-temps ridicule ; le sentiment désagréable triom-
phe bientôt ; et ce qui, dans le premier moment,
avoit paru risible, devient, par la suite, révoltant. Il
en est de même de la laideur nuisible : le terrible s'éva-
nouit insensiblement, et la difformité demeure seule
d'une manière invariable.

D'après ces considérations, le comte de Caylus a
eu raison de ne point admetttre l'épisode de Thersite
parmi les tableaux d'Homère ; mais avoit-on pour cela
raison de vouloir rejeter cet épisode de l'*Iliade* même ?
Je ne le pense pas ; et c'est avec peine que je vois qu'un
savant, qui d'ailleurs s'est distingué par un goût fin
et délicat, a été de cette opinion [1].

Le dégoûtant peut renforcer le ridicule ; c'est-à-
dire, que les idées de dignité et de bienséance, mises
en contraste avec des circonstances dégoûtantes, deviennent ridicules. Aristophane nous en fournit un
grand nombre d'exemples.

Pour ce qui est des objets dégoûtans dans la peinture, il est incontestable que, quand même il n'y
auroit pas des objets véritablement dégoûtans pour la

[1] Klotz, *Epistolæ Homericæ, pag.* 33 *seq.*

vue, desquels il faudroit que la peinture, comme art d'agrément, s'abstînt nécessairement ; elle seroit néanmoins toujours dans l'obligation d éviter, en général, la représentation de pareils objets, à cause que, par l'association des idées, le sujet qu'on traite devient par-là dégoûtant, par conséquent indigne de l'art.

Ce qui a été dit de la laideur peut-être appliqué ici, et même avec plus de force. Dans les arts d'imitation le dégoûtant perd bien moins de son effet quand il s'adresse aux yeux que lorsqu'il s'adresse à l'ouïe. Il ne peut donc pas s'y combiner d'une manière aussi intime aux élémens du ridicule et du terrible : de l'instant que la surprise cesse, et que la curiosité est satisfaite, il se sépare des idées accessoires et reparoit sous sa forme repoussante.

LETTRE

DE DIOCLÈS A DIOTIME,

SUR

L'ATHÉISME.

LETTRE

DE DIOCLÈS A DIOTIME,

SUR

L'ATHÉISME.

MA TOUTE CHÈRE DIOTIME,

TOUT ce que nous savons par l'histoire de
l'homme et des hommes, nous apprend que
l'athéisme est beaucoup postérieur au culte

ou à la religion; et qu'ainsi il est né de la ré-flexion, qui suppose déjà une certaine quantité de lumière.

C'est la nature même de l'homme qui lui indique le chemin vers un Dieu, vers un culte, ou vers une religion quelconque.

J'avoue que le regret d'un héros, d'un sage, d'un bienfaiteur qui vient de quitter la vie, peut me faire espérer, et par conséquent imaginer qu'il soit encore vivant; mais cela ne mène tout au plus qu'aux bienheureux ancêtres de Fingal, ou à ces Lares des anciens Persans et des Etrusques.

J'avoue que la peur, soit naturelle à l'homme par la foiblesse de ses armes physiques, soit accidentelle à l'homme pour avoir perdu quelques-unes de ses facultés [1], nous fait implorer le secours de tout ce qui nous entoure; mais cela ne mène qu'à ces broussailles, auxquelles un Démosthène demanda quartier.

Mais la magnificence du spectacle de l'univers, l'aspect imposant du soleil, d'un ciel étoilé, d'un iris; les variétés infinies de la nature, agissantes toutes à-la-fois à travers

---

[1] Voyez Alexis, ou de l'Age d'or.

les organes sur le vide immense de l'imagination, la remplissent totalement; et la première chose qui en résulte, n'est qu'une
perception vague et indéterminée, mais violente, sans nulle idée. Le temps débrouille
ce chaos. Les objets acquièrent des concours,
s'isolent, se réparent, et les idées de nombre
et de grandeur commencent à se manifester. Cette perception vague et indéterminée, cet ébranlement universel de l'ame, se
change en étonnement stupide; le moment
d'après, le soupir de l'admiration se fait
jour avec effort, et l'homme, sans se bien
comprendre, y sent déjà qu'il désire et ado-
re. C'est le premier moment où l'organe moral s'épanouit.

Aussitôt qu'il commence à distinguer les
objets, leur quantité est trop vaste pour que
son attention ne se fixe pas sur celui qui lui
paroît le plus brillant, le plus beau, le plus
grand; et cet objet devient tout naturellement à ses yeux un superlatif quelconque
de tout le reste.

Il ne me paroît nullement absurde que
dès-lors cette pente vers ce qui affecte le
plus produise, même dans certains animaux,
aussi bien que dans les hommes, des actions

qui nous paroissent dénoter un culte; comme toute affection véhémente produit dans tous les animaux des actions ou des expressions analogues qui indiquent de l'allégresse, de la tristesse, du désespoir, et dans lesquels nous avons puisé les premiers élémens du langage.

Je ne pousserai pas plus loin cette marche naturelle et simple de l'homme, vers la connoissance obscure de quelque chose au-dessus de lui dont il se sent dépendre. Il nous suffit d'avoir vu avec évidence, si je ne me trompe, qu'aucun germe d'athéisme ne sauroit naître dans le berceau de l'humanité.

Je ne parle pas de l'organe moral, ni des sensations qui en dérivent pour autant qu'ils peuvent conduire à une connoissance de la Divinité; parce que cet organe diffère si prodigieusement dans les différens individus, et a été si peu analysé jusqu'ici, qu'il est fort loin encore d'être universellement adopté [1].

L'homme, affecté de cette sensation vague et brute d'une puissance au-dessus de la sienne, multipliant ses signes, enrichissant

[1] Voyez la Lettre sur l'Homme et ses Rapports, et l'Aristée, ou de la Divinité.

et réglant son imagination, et exerçant son
intellect, afin de tirer parti de cette puissance en sa faveur, tâcha de transformer
cette sensation vague en idée distincte. Il
donna une figure, un contour, une détermination quelconque à cette chose qu'il appela Dieu; et ce Dieu devint un objet,
auquel son imagination et son intellect pu-
rent s'attacher.

Son moral se développant, et s'exerçant de
plus en plus, par l'accroissement continuel du
nombre des rapports de l'homme aux hommes, il donna des mœurs à ce Dieu; et le résultat de ces deux opérations fut qu'il avoit
créé un Dieu à son image, ce qui bientôt devoit produire une pluralité de dieux.

A la naissance de la philosophie et de la réflexion, c'est-à-dire, lorsque l'homme eut acquis assez d'idées et de signes pour contempler, comparer, composer et réfléchir, les premiers objets qui s'offrirent à son intellect
tenoient tous au physique. Tout fut déterminé, tout fut contour, et trouvant beaucoup
plus de facilité à manier des choses aussi pré-
cises, aussi analogues à ses organes les plus
grossiers, il négligea les sensations internes
pour ne s'occuper plus que des idées.

L'homme, ou plutôt tout être intelligent, a une propriété extrêmement curieuse et qui mériteroit bien d'être analysée ; c'est que, dès les premiers instans de son activité, il court après les causes; soit qu'en se sentant cause à tout instant que sa velléité se détermine et agit, il cherche le *soi*, l'*agent*, son *homogène* dans tout ce qu'il voit; soit que sa pente vers le beau, le riche, le simple et le parfait, le mène vers cette liaison de cause et d'effet, qui fait un tout; soit enfin qu'il se flatte qu'en montant vers la cause, il trouvera de quoi s'éclairer dans sa descente vers le futur qui l'appelle.

L'homme s'avisa donc de chercher la cause de l'univers entier. Mais comme cette cause pour être même très-imparfaitement exprimée, exigeroit non-seulement toute la masse des signes de nos idées physiques, mais encore tout ce qui pourroit servir à prononcer l'infinité de nos sensations, il est évident que l'homme, dans cet état d'immaturité, auroit dû se contenter de savoir la structure de l'univers. Pour arriver à la connoissance de cette structure, il se forma l'idée générale de matière, que ses organes extérieurs lui indiquoient distinctement. De là aux atomes il n'y a qu'un pas naturel et nécessaire.

L'atome, petit à la vérité, mais déterminé et palpable, est l'*ultimatum* de toute essence visible et tangible. Tous les atomes ensemble composent l'univers.

La seule chose qui manquoit à la solution parfaite du problème, l'esprit l'y ajouta avec facilité, en accordant à la matière un principe quelconque de mouvement intrinsèque tenant à sa nature; et par le moyen de cette qualité occulte, il crut pouvoir découvrir, pour ainsi dire à l'œil, le principe, le développement et l'éternité de l'univers; et les sages d'alors adoptèrent, pour solution complète, que l'univers est, et qu'il est tel, parce qu'il est et est tel. Voilà l'athéisme simple et complet. La Divinité devint superflue, et les dieux qu'on s'étoit formés des objets fantastiques et ridicules, ne conservèrent pendant un temps leur autorité parmi le peuple, que de la même manière que le font les monarques et les despotes, c'est-à-dire, par le moyen des ministres qui les entourent.

On avoit cependant remarqué une espèce de régularité dans la suite des phénomènes. On s'étoit senti un principe interne qui sait modifier la matière, et qu'on appela ame; et de là à la probabilité infinie d'un modificateur de l'univers, il n'y eut qu'un pas.

Enfin, Socrate, cet être prodigieux, parut, et s'avisa le premier d'entrer tout de bon en lui-même. Il y trouva un monde, tout autrement riche que celui que ses organes physiques lui développoient, où l'on ne voit que passivement ce qui est produit; tandis que dans l'autre, l'homme sent un peu ce que c'est que produire. C'est dans la régularité de la nature que Socrate aperçut des lois; et son intellect s'éleva par ce moyen jusqu'au suprême législateur, qui crée en même temps et les choses et leurs lois, et que le monde physique ne nous laisse qu'entrevoir, sans pouvoir nous en donner une idée distincte.

Enfin, la vraie connoissance de la Divinité, pour autant que l'homme en est susceptible dans cette catégorie, et le seul culte raisonnable, ne résidoient que dans l'intérieur de ces hommes qui, à l'exemple de Socrate, avoient remarqué le fini du monde physique et l'infini de l'autre auquel ils se sentirent tenir par essence.

Chez le reste des hommes la politique, qui marche toujours en avant, et qui tend constamment vers le but qu'elle se propose, qui modifie les dieux, les oracles, les vertus, les vices, la sagesse et la folie, suivant ses vues, s'étoit emparée de toute espèce de

religion et de culte; et obligée à la fin d'y
mêler même une philosophie quelconque,
pour leur donner une autorité plus ou moins
permanente, il en résulta ces bizarres mélanges qu'on a vus depuis dans tous les temps;
mélanges qui souvent font de la Divinité un
monstre si absurde qu'il se détruit lui-même;
ce qui fit naître un second athéisme fondé
sur une incrédulité fort naturelle.

L'état de la philosophie et de la religion
étoit si pitoyable dans les derniers siècles barbares, et les abus infinis que la stupidité avoit
faits, pendant un si long-temps, des idées
admirables de Platon et d'Aristote, étoient
tellement parvenus à leur comble, qu'il auroit été absurde de vouloir débrouiller cet
effroyable chaos, et de faire renaître l'ordre.

Descartes fut l'un de ceux que cette vérité frappa le plus vivement. Il jugea qu'avant
tout, il falloit détruire cette monstrueuse philosophie despotique : projet hardi, qu'il exé-
cuta cependant avec beaucoup de dextérité
et d'adresse. Il prit le seul parti qu'il y eût
à prendre. Il créa une philosophie nouvelle, qui dans le fond ne valoit guère mieux;
mais qu'il rendit si parfaitement analogue
au ton de son siècle, qui étoit celui de l'esprit, qu'il flatta et gagna tout le monde, en

donnant l'essor à une imagination aussi vive qu'elle étoit déréglée. Chacun se sentit fier de pouvoir faire de la philosophie à sa guise, et le monstre fut terrassé.

Cette imagination ardente, si fraîchement délivrée de ses chaînes, indomptée encore et sans frein, ne trouva rien d'obscur ni d'impossible. Le même effort qui auparavant avoit pu composer un univers avec de la matière, en pouvoit maintenant faire un Dieu; ce qui donna naissance à cet athéisme équivoque et protée, qui, se prêtant à tout, nous fait voir à volonté, sous la même figure, un chaos ou un Dieu.

En attendant, de grands esprits désœuvrés ramassèrent ce précieux germe de géométrie, que les profonds anciens avoient su abstraire du monde physique. Ils cultivèrent ce germe avec soin, et en firent éclore un monde intellectuel, presqu'aussi riche en apparence que le monde réellement sensible et moral, dont Socrate avoit fait la découverte.

Tout ce qu'on avoit gagné par ces pénibles travaux, se réduisoit cependant encore à deux choses, très-importantes à la vérité: l'une, qu'on avoit donné à l'intellect le meilleur exercice qu'il fut possible; l'autre, qu'on s'étoit tellement familiarisé avec la vérité, qu'on la cherchoit partout ; mais au fond cette géométrie si embellie n'étoit qu'un spectre sans corps, ou plutôt ce n'étoit qu'un simple outil. On peut la comparer à la lyre d'Orphée, qui n'attiroit les animaux et les plantes qu'accompagnée des sublimes accens de son maître.

De grands génies s'emparèrent enfin de la géométrie. Les Keppler, les Newton, les Huygens, la ramenèrent de nouveau à la physique d'où elle étoit partie, et à qui elle communiqua toute la beauté qu'elle avoit acquise, pendant que celle-ci étoit restée dans l'oubli ; elle lui donna aussi des contours plus tranchans, la revêtit de la livrée de la vérité, et lui découvrit et prouva des lois dans la matière, dont la succession des phénomènes constata la réalité.

Jusque-là l'homme avoit de quoi se glorifier de ses peines. Il étoit parvenu à comprendre ce qu'il voyoit, ce qu'il touchoit. Il avoit éclairé les faces que l'univers développe à ses sens. Il avoit créé une mécanique qui modifie la matière pour ses besoins, et il avoit soumis, en quelque façon, la physique à son empire.

Il *ignoroit* encore comme être borné ; mais il *savoit* comme être sage, en n'abandonnant jamais cette géométrie divine.

Voilà l'état où des Newton portèrent nos connoissances dans la physique. Tout y fut vrai. Ils pénétrèrent jusqu'à un certain point dans les œuvres de Dieu; ils démontrèrent, par des effets visibles et palpables, les lois et la réalité du mouvement, de l'attraction, de la gravité, et de tant d'autres forces, ou de modifications différentes d'une même force qui se manifestoient dans la nature : et ces grands hommes ne rougirent jamais d'en ignorer la cause. Ce qui devoit en résulter pour eux, c'étoit que l'accroissement prodigieux de leur science réelle, et plus encore celui de leur ignorance réelle, leur fît voir et adorer le grand moteur de plus près.

Si, dans ces temps, les hommes eussent fait dans le monde métaphysique de semblables efforts avec de semblables succès, on auroit vu toute la masse de lumière, et j'ose dire de bonheur, dont l'homme est susceptible sur la terre. Newton avoit été étonné de ses découvertes, comme de raison; mais son grand sens en entrevit les bornes. Ses successeurs furent étonnés et fiers d'en avoir tant appris, et, jaloux de sa gloire, ils voulurent savoir tout ce que ce grand homme avoit ignoré. Ils virent les prodigieux effets qu'ils opérèrent pas sa mécanique sublime

sur la matière qu'ils avoient sous la main.
Ensuite ils firent ce raisonnement : si les causes de l'attraction, de la gravité, du mouvement, de la pensée, et de tout ce qui appartient à ce monde soi-disant métaphysique,
étoient de la matière, quoique beaucoup
plus fine et plus déliée que celle que nous
voyons de nos yeux imparfaits, il faudroit
qu'il fût possible d'appliquer notre mécanique à cette matière si déliée ; de sorte que
cette matière devroit produire les effets de
la gravité, de l'attraction, de la pensée, etc.,
que nous voyons. Or, si notre imagination
est assez heureuse pour deviner des méca-
nismes ou des modifications, qui doivent
produire nécessairement les mêmes effets, il
est évident que tout ce que nous voyons dans
la nature est matière, modifiée d'une certaine façon ; d'autant plus qu'on ne sauroit
rien voir, rien toucher, rien flairer qui ne
soit de la matière.

Voilà nos magnifiques imaginations en
train comme du temps de Descartes ; avec
cette différence, que de nos jours elles se
trouvent tout autrement pourvues d'idées,
après avoir passé le siècle le plus fertile en
idées de tout genre qui fût jamais ; et il est
à croire que Descartes, qui avoit été obligé

de former sa philosophie bizarre pour parvenir à son but, auroit eu peur de mettre en mouvement des imaginations aussi robustes que les nôtres.

Jamais, peut-être, les hommes n'ont dépensé autant d'esprit pour arrondir un système et lui donner de la facilité pour s'étendre, que les matérialistes et les fibrilaires en mirent dans la charpente légère de leurs globules, leurs conoïdes, leurs fibres, leurs crochets, leurs œillets, leurs matières affluentes et effluentes, qui lient physique, métaphysique et tout, et donnent au total de l'univers une homogénéité charmante, dont la simplicité rend inutile et superflu tout autre principe que la matière autonome.

On peut juger des attraits invincibles de ce système, en voyant même des théologiens philosophes qui, quelque fervens d'ailleurs qu'ils puissent être dans leur orthodoxie, risquent cependant souvent, par un peu d'étourderie, l'autorité de l'opinion de l'existence du Dieu qu'ils servent, pour se conserver à eux-mêmes la réputation piquante de savoir faire aussi, ou plutôt composer, un petit univers.

Voilà le troisième athéisme, né de la vanité de l'intellect triomphant.

Vous voyez que dans le fond il est le même que le premier, ayant de même la matière pour base unique. Mais il y a une différence prodigieuse entre une matière brute, dont on ne distinguoit encore aucune loi, aucune propriété avec la moindre exactitude ; et qui ne faisoit que masse dans l'imagination, et entre une matière maniée pendant tant de siècles par toute l'industrie des hommes, qui la mirent en pièces pour la perfectionner en détail ; qui en arrachèrent l'idée de contour, pour en faire une géométrie ; l'idée de nombre, pour en faire une arithmétique, et qui, rejoignant tout ensemble, en firent un objet parfait de contemplation.

Le premier athéisme, né d'une raison encore trop peu éclairée, se détruisit bientôt par la contemplation sérieuse d'un monde moral.

Le second, qui n'est proprement qu'une incrédulité trop souvent raisonnable, et qui dégénère facilement en indifférence, ne se guérit que dans le sein de la vraie philosophie.

Mais pour le dernier, ce gigantesque fils de notre fol orgueil, il ne se guérira qu'après que l'homme se sera familiarisé avec cette vérité incontestable, que *matière* n'est qu'un mot qui désigne toutes les essences réelles en tant qu'elles ont du rapport avec nos organes actuels; que la matière ne sauroit avoir plus d'attributs que nous n'avons d'organes; et que s'il est donné à la nature de l'homme d'acquérir plus d'organes dans la suite de son existence, ou que d'autres organes s'y développent, la matière (si on veut conserver ce mot comme signe des essences en tant que connues) augmentera ses attributs à proportion.

Vous vous moquerez de moi, ma chère Diotime, de ce qu'en si peu de pages je m'avise de traiter un sujet qui en demanderoit quelques centaines pour être bien traité. Je crains que notre ami Jacobi n'en porte le même jugement; mais voilà ce que je n'ai prévu qu'après coup.

Adieu, ma toute chère Diotime, mon amie. Que le seul Dieu nous bénisse avec tout ce qui nous est cher.

LETTRE

DE M. F. H. JACOBI,

A M. HEMSTERHUIS.

LETTRE

DE M. F. H. JACOBI,

A M. HEMSTERHUIS.

———

Il y a plus de deux mois que je vous ai menacé d'une réponse à l'article Spinoza, renfermé dans la lettre que vous m'avez fait l'honneur de m'écrire le 26 avril; je vais enfin me satisfaire.

Vous dites, monsieur, que vous ne pouvez penser à cet homme illustre, sans le plaindre de n'avoir pas vécu trente ans plus tard; qu'il auroit vu par ses propres yeux, par les progrès mêmes de la physique, que l'application directe de la géométrie ne sauroit se faire qu'au physique; et ensuite, qu'il avoit confondu la méthode formulaire des géomètres, avec l'esprit géométrique, dont l'application à la métaphysique lui auroit fait produire des choses plus dignes de son beau génie.

Je suis peut-être trop destitué moi-même de l'esprit géométrique, pour avoir bonne grace à prendre la défense de celui de Spinoza; mais s'il en a manqué au point d'avoir pu confondre avec cet esprit la méthode formulaire des géomètres, cet esprit est une chose dont on peut en tout cas se passer; puisque, privé de cet esprit, Spinoza avoit le sens le plus droit, le jugement le plus exquis, et une justesse, une force et une profondeur de raisonnement, très-difficile à surpasser. Ces avantages ne l'ont pas empêché de se tromper quelquefois; et il s'est trompé certainement dans ce qui l'a porté à se livrer en métaphysique à la méthode formulaire des géomètres. Mais cette méthode n'a pas produit son système, dont le fond est très-ancien, et se perd dans des traditions où Pythagore, Platon et d'autres philosophes avoient déjà puisé. Ce qui distingue la philosophie de Spinoza de toute autre, ce qui en fait l'ame, c'est que ce fameux axiome : *Gigni de nihilo nihil, in nihilum nihil potest reverti*, y est maintenu et poussé avec la dernière rigueur. S'il a nié tout commencement d'action quelconque, et regardé le système des causes finales comme le plus grand délire de l'esprit humain, ce n'est qu'en conséquence de ce principe, et non d'une géométrie appliquée directement à ce qui n'est pas physique.

Voici à-peu-près comment je me figure l'enchaînement des idées de Spinoza. Nous supposerons que c'est lui-même qui nous adresse la parole, et que c'est après avoir lu l'*Aristée*; circonstance que nous ignorerons, ou que nous ferons semblant d'ignorer.

L'être n'est pas un attribut, et ne dérive d'aucune faculté; il est ce qui soutient tous les attributs, toutes les qualités et facultés quelconques : il est ce qu'on désigne par le terme de substance; à quoi rien ne peut être préposé, et que tout présuppose.

Parmi les différentes énergies dérivant de l'être, il y en a qui tiennent *immédiatement* à la substance. Tel est le continu absolu et réel de l'étendue, et celui de la pensée.

La pensée, qui n'est qu'un *attribut*, une *qualité* de la substance, ne peut, en aucun sens, être la cause de la substance. Elle dépend de ce qui la fait être : elle en est l'expression et l'action, et il est impossible que ce soit elle qui le fasse agir.

Les idées (c'est-à-dire, la pensée déterminée d'une certaine manière) sont caractérisées par leur contenu; mais ce contenu, ou ce qui lui répond, ne produit pas la pensée.

Le contenu de l'idée, ou ce qui lui répond, est ce que nous appelons l'objet de l'idée.

Il y a donc dans chaque idée:

1°. Quelque chose d'absolu et de primitif, qui constitue la pensée indépendamment de son objet.

2°. Quelque chose de secondaire, ou de phénoménal, qui manifeste un rapport, et qui en est le résultat.

Et telle est la loi de ce rapport, qu'il est

tout aussi impossible que la pensée seule (considérée uniquement dans son essence) produise l'idée ou la représentation d'un objet ; qu'il est impossible qu'un objet, ou qu'une action médiate ou modification quelconque, fasse naître la pensée.

La volonté est postérieure à la pensée, car elle suppose le sentiment de soi-même. Elle est postérieure à l'idée, puisqu'elle exige le sentiment d'un rapport. Elle ne tient donc pas immédiatement à la substance, ni même à la pensée ; elle n'est qu'un effet dérivant de rapports, et ne sauroit jamais être un principe d'action, une cause pure.

Interrompons l'attaque de Spinoza au moyen d'une sortie, et voyons si nous ne pouvons pas combler ses tranchées, détruire ses ouvrages, et faire sauter ses mines sur lui-même.

Décharge générale. « Vous rêvez creux, pauvre Spinoza ! — Abrégeons ; prenons une autre route, en commençant par des faits.

Convenez-vous que toute action quelconque doit avoir une direction ? »

Je n'en conviens pas. Au contraire, il me

paroît évident que toute action primitive ne peut avoir qu'elle-même pour objet, et ne sauroit par conséquent avoir de direction; ce qu'on appelle direction n'étant jamais que le résultat des effets de certains rapports.

« Mais y a-t-il une raison, pourquoi tout ce qui est, ou tout ce qui paroît essence, mode, ou tout ce qu'il vous plaira, soit et paroisse tel, et non autrement? »

Oui certainement.

« Une direction a donc un pourquoi, une raison. Or, ce pourquoi n'est pas dans la direction, puisqu'alors elle auroit été avant que d'être? »

Je l'avoue.

« Par conséquent, il est dans l'actif, et y a sa raison. Or, vous ne pouvez pas aller de raison en raison à l'infini, puisqu'il y a un moment fixe où l'actif dirige : ainsi, vous trouverez la première raison ou dans l'activité de l'actif, qui est velléité, ou dans une modification de l'actif. Mais celle-ci a son pourquoi, et de raison en raison vous parviendrez à l'activité déterminée, ou à la volonté d'un actif quelconque; et par conséquent, direction a pour cause primitive volonté. Mais nous ne pouvons pas conce-

voir une activité déterminée, une volonté
qui dirige, sans intellect qui prévoie, sans
conscience d'être. La cause primitive de tous
les effets est donc l'action d'une volonté intelligente, infiniment grande et infiniment
puissante. Je dis infiniment, puisqu'en allant
de cause en cause, nous sommes obligés d'y
venir [1]. »

Je vous ai démontré que la volonté n'est
qu'un être secondaire, dérivé et de relation,
ainsi que le mouvement dirigé. De même
que le pourquoi de la direction du mouvement ne sauroit être dans la direction, puisqu'alors elle auroit été avant que d'être; de
même le pourquoi de la direction de la volonté ne sauroit être dans cette direction,
puisqu'alors elle auroit été avant que d'être.
Votre velléité déterminée par la volonté est
exactement un effet qui produit sa cause.
Vous m'accordez, car vous venez de l'observer vous-même, que la volonté est postérieure non-seulement à la pensée, mais encore à l'idée. Or, la pensée, considérée dans
son essence, n'est que le sentiment de l'*être*.
L'*idée* est le sentiment de l'être, en tant

---

[1] Aristée, tom. II, pag. 56.

qu'il est déterminé, individuel, et en relation avec d'autres individus. La *volonté* n'est que le sentiment de l'être déterminé agissant comme individu.....

« Arrêtez, mon cher Spinoza, car vous allez encore vous perdre dans vos idées creuses. Ce qui vous égare, c'est que vous ne distinguez pas deux êtres d'une nature absolument différente et même opposée : l'activité et l'inertie [1]. Dans l'univers, en tant que physique, il n'y a pas plus de mouvement que de repos. Une partie en mouvement communique son mouvement à une autre partie en repos, et en reçoit le repos en retour. L'action et la réaction, quels qu'en soient les principes, sont égales. Ainsi, la somme de toute action dans l'univers est égale à celle de toute réaction. L'un détruit l'autre : ce qui nous mène au plus parfait repos et à la vraie inertie [2]. L'inertie n'est proprement dans une chose que la force avec laquelle elle est ce qu'elle est ; et ce n'est que par cette force, et à proportion de cette force, qu'elle est réactive. Réactivité et inertie ne font donc qu'une même chose. Ce qui nous

---

[1] Aristée. tom. II, pag. 45.

[2] *Idem*. pag. 72.

fait voir cette inertie, nous fait voir en même temps un mouvement qui la surmonte, ou qu'elle détruit, c'est-à-dire, une force d'une nature absolument différente, et qu'on nomme activité [1]. Voilà donc l'univers divisé en deux parties. L'une, complètement inerte et passive, nous offre le symbole le plus parfait de l'inaction et du repos; l'autre, vive et vivifiante, se saisit des parties mortes de la nature, pour les lier et les forcer de vivre et d'agir par le principe même de leur propre inactivité [2]. Cette activité, cette énergie, ce principe de force dans un être, c'est la faculté de pouvoir agir sur des choses qui se trouvent à sa portée. Elle a toutes les directions possibles, et c'est en quoi consiste sa liberté : c'est une force vague qui constitue la velléité, ou la faculté de pouvoir vouloir [3]. »

Je vous ai laissé dire tout à votre aise. Voici ce que j'ai à vous répondre. C'est que d'abord je ne conçois rien du tout à un principe de force, qui est autre chose que la force avec laquelle une chose est ce qu'elle

[1] Aristée, tom. II, pag. 5o et 74.
[2] *Idem.* pag. 54.
[3] *Idem.* pag. 77.

est ; à une faculté de pouvoir, c'est-à-dire, à un pouvoir de *pouvoir agir* sur ce qui est à la portée de l'être doué de ce pouvoir de pouvoir ; à une énergie qui a toutes les directions possibles ; « à une force vague qui exhale sa force et son énergie, comme un arome semble exhaler son odeur dans toutes les directions » : à mon avis, c'est donner des images pour des notions et ne rien dire d'intelligible. Qu'est-ce qu'une passivité, ou un être qui n'a que la force d'être passif : et qu'est-ce qu'une activité qui se communique à cette passivité, et devient en elle une cause d'action absolument étrangère et même contradictoire à l'essence de cet être passif et réactif par son inactivité ? Se peut-il qu'une force se sépare de son principe, qu'elle abandonne une partie d'elle-même, et que cette partie existe séparément, ou, ce qui est bien plus fort, devienne la qualité d'un autre être, et d'un être absolument hétérogène ? « Mais nous voyons que cela arrive », me direz-vous. Je vous répondrai, que nous voyons aussi le soleil se mouvoir autour de la terre. Laissons-là les phénomènes, et tâchons de savoir ce qui est [1]. La vé-

---

[1] Aristée, tom. II, pag. 39.

rité ne sauroit nous venir de dehors, elle est en nous. Mais peu de têtes sont faites pour une abstraction absolue [2]; c'est-à-dire, pour une attention qui n'est dirigée qu'à l'*être*. Cette fois-ci nous ne fatiguerons pas trop la nôtre. Passons sur votre univers divisé en deux parties, pour ne considérer que l'explication que vous en donnez. Voici en deux mots votre argument. Le principe actif dirige, donc son principe est intelligent, et son énergie est dans sa volonté. Je vous demande, ce principe est-il intelligent parce qu'il a voulu être intelligent, ou l'est-il indépendamment de sa volonté? Il faudra bien que vous répondiez qu'il l'est indépendamment de sa volonté. Mais la pensée indéterminée est vide, et toute pensée non représentative est indéterminée. Or, je vous demande ce qui a fait la pensée de votre créateur, qui est unique et qui n'a point de dehors, ou dont le dehors, à moins que ce ne soit le néant tout pur, est de sa propre création; je vous demande ce qui a fait la pensée de ce créateur représentative d'objets, c'est-à-dire, d'êtres finis, déterminés

----

[2] Lettre sur l'Homme, etc., tom. I, pag. 164

et successifs? A-t-il créé, a-t-il déterminé ses idées avant qu'elles fussent, par sa faculté ou par son pouvoir de pouvoir avoir des idées? — Et la *volonté*, ou la velléité de cet être, laquelle n'est ni le principe ni le résultat de son intelligence, et laquelle est néanmoins intelligente, qui vient de je ne sais où, et qui va à je ne sais quoi, qu'est-elle, comment est-elle, et que veut-elle? Enfin, et pour tout embrasser dans une seule question, votre créateur doit-il son être à la pensée et à la volonté, ou doit-il la pensée et la volonté à son être? Peut-être me répondrez-vous que cette question est ridicule, et qu'en Dieu la pensée, la volonté, et l'être ne sont qu'une même chose indivisible. Je le pense comme vous, avec cette seule différence, que ce que vous nommez volonté, je l'appelle puissance effective, et le tiens tout simplement pour tel. Nous voilà donc d'accord. Mais dans ce cas, ne me parlez plus d'une volonté qui dirige l'activité, ni d'une intelligence qui préside à tout, et à laquelle la cause première elle-même seroit soumise, et ne seroit pourtant pas soumise; ce qui, en tout sens, est le comble de l'absurdité·

« Ne vous échauffez pas, mon cher Spinoza, mais hâtons-nous de voir à quoi tout cela nous ménera. Je ferai à l'égard de vos argumens, comme vous avez fait à l'égard des miens, et me contenterai de vous demander tout simplement, comment vous faites pour agir d'après votre volonté, si votre volonté n'est qu'un effet de votre activité, et même, comme vous dites, un effet éloigné? Je suppose que vous m'accordez le fait sans autre preuve. Vouloir qu'on prouve la velléité de l'homme, c'est vouloir qu'on prouve son existence. Pour celui qui ne sent pas son existence, lorsqu'il reçoit des idées des choses hors de lui, et pour celui qui ne sent pas sa velléité, lorsqu'il agit ou désire, est autre chose qu'un homme, et on ne sauroit rien affirmer de son essence [1]. »

Vous ferez comme il vous plaira de mon essence; mais ce que je sais de science certaine, c'est que je n'ai point de velléité, quoique j'aie mes volontés particulières et mes désirs tout comme un autre. Votre velléité n'est qu'un être abstrait, qui se rapporte à telle ou telle volonté particulière, comme l'animalité se rapporte à votre chien ou à

[1] Lettre sur l'Homme, etc. tome, pag. 168.

votre cheval, ou comme *homme* se rapporte à vous ou à moi. C'est au moyen de ces êtres métaphysiques et imaginaires que vous créez toutes vos erreurs. Vous vous figurez des capacités d'agir ou de ne pas agir, selon un certain je ne sais quoi qui n'est rien du tout. Au moyen de ces capacités, que vous nommez facultés, pouvoirs, pouvoirs de pouvoir, etc., vous faites venir quelque chose de rien sans qu'il y paroisse; et en évitant adroitement de dire le gros mot, vous faites crier merveille aux sophistes, et ne choquez que le philosophe. De toutes vos *éités*, il n'y en a pas une seule qui ne répugne à l'être. L'être déterminé l'est également dans tous ses effets. Il n'y a pas de force qui ne soit effective, et qui ne soit telle dans tous ses momens. Elles agissent selon le degré de leur réalité sans jamais s'interrompre.

« De grace, Spinoza, répondez à ma question ! »

Croiriez-vous que je cherche à l'éluder ? Voici ma réponse. Je n'agis que *selon* ma volonté, toutes les fois qu'il arrive que mes actions lui correspondent; mais ce n'est point ma volonté qui me fait agir. L'opinion contraire vient de ce que nous savons très-bien nos volontés et nos désirs, et que nous ignorons ce qui nous fait désirer et vouloir. Au moyen de cette ignorance, nous croyons produire nos volontés par la volonté même, et souvent nous allons jusqu'à lui imputer nos désirs.

« Je ne vous comprends pas assez. Vous savez qu'il y a trois systêmes sur ce qui détermine la volonté : celui qu'on appelle le systême de l'indifférence ou de l'équilibre, et qu'on devroit nommer celui de la liberté ; celui du choix du meilleur, ou de la nécessité morale : et celui de la nécessité physique ou du fatalisme. Pour lequel de ces trois vous déclarez-vous ? »

Pour aucun des trois ; mais le second est celui qui m'en paroît le pire.

« Je suis pour le premier. Mais pourquoi le second vous en paroît-il le pire ? »

Puisqu'il suppose les causes finales, dont le systême est un vrai délire.

« Je vous abandonne le choix du meilleur, ou la nécessité morale, puisqu'elle détruit la liberté. Mais pour ce qui regarde les causes finales, je soutiens à mon tour que c'est un vrai délire que de les rejeter. »

Vous ne sauriez m'abandonner l'un sans

l'autre. Vous convenez que la nature de chaque individu tend à la conservation de cet individu ; que tout être cherche à maintenir son être, et que c'est cela même que nous appelons sa nature. Vous conviendrez encore que l'individu ne cherche pas à se conserver par une raison quelconque, ou pour une certaine fin ; mais qu'il cherche à se conserver uniquement pour se conserver, et parce que telle est sa nature, ou la force avec laquelle il est ce qu'il est. Cette tendance, cette force, nous l'appelons désir, en tant qu'elle est accompagnée de sentiment ; de sorte que le désir n'est autre chose que la tendance de l'individu à ce qui peut servir à conserver son être, accompagnée du sentiment de cette tendance. Ce qui correspond au désir de l'individu, il l'appelle *bien* : et ce qui est contraire à ce désir il l'appelle *mal*. C'est donc du désir que nous vient la connoissance du bien et du mal, et c'est une absurdité palpable que d'imaginer le contraire, en dérivant la cause de son effet. Quant à la volonté, elle est encore le désir, mais seulement en tant qu'il regarde uniquement l'ame ; c'est-à-dire, seulement en tant qu'il est représenté dans la conception ou l'idée de l'individu. Elle n'est donc que l'intellect appliqué au désir : l'intellect (qui n'est que l'ame elle-même en tant qu'elle a des idées claires et distinctes) en contemplant les modifications différentes de la tendance ou du désir de l'individu, qui sont en raison de la composition de son essence et de ses relations avec d'autres individus, décide de leur convenance ou de leur disconvenance avec la nature particulière de l'individu, autant qu'il peut l'apercevoir. Mais son action, qui ne consiste qu'à affirmer ou à nier, fait aussi peu aux actions de l'individu, que ses autres décisions ou jugemens, quels qu'ils soient, font à l'essence des choses.

« Ce que vous venez de dire ne manque pas absolument d'obscurité; cependant ce que je vois très-clairement, c'est que vous niez toute liberté, et que vous êtes fataliste, quoique vous vous en soyez tantôt défendu. »

Je suis loin de nier toute liberté, et je sais que l'homme en a reçu sa part. Mais cette liberté ne consiste pas dans une faculté chimérique de pouvoir vouloir; puisque le vouloir ne sauroit être que dans la volonté qui est, et que d'attribuer à un être un pouvoir de pouvoir vouloir, c'est comme si on lui attribuoit un pouvoir de pouvoir être, en vertu duquel il ne tiendroit qu'à lui de se donner l'existence actuelle. La liberté de l'homme est l'essence même de l'homme, c'est le degré de sa puissance ou de la force avec laquelle il est ce qu'il est. En tant qu'il agit selon les lois seules de son être, il agit avec une liberté parfaite. Dieu, qui n'agit et qui ne peut agir que par la même raison par laquelle il est, et qui n'est que par lui-même, possède donc la liberté absolue. Voilà mes idées sur la liberté. Quant au fatalisme, je ne m'y refuse qu'en tant qu'il a été fondé sur le matérialisme, ou sur l'opinion absur-de que la pensée n'est qu'une modification de l'étendue, ainsi que le feu, la lumière, etc.; tandis qu'il est aussi impossible que la pensée provienne de l'étendue, qu'il est im-possible que l'étendue provienne de la pen-sée. Ce sont des essences totalement diffé-rentes, quoiqu'elles ne constituent ensemble qu'un même être, dont elles sont les attri-buts. La pensée, comme je l'ai déjà dit, est le sentiment de l'être : par conséquent, tout ce qui arrive dans l'étendue, doit arriver égale-ment dans la pensée; et tout individu, réelle-ment individu, est animé à proportion de son

essence, ou au degré de la force avec laquelle
il est ce qu'il est. Dans l'individu la pensée
est nécessairement représentative, puisqu'il
est impossible que l'individu ait le sentiment
de son être, s'il n'a pas celui de ses rapports.

« Ce que vous adoptez du fatalisme me
suffit; car il n'en faut pas davantage pour
établir que le temple de St. Pierre à Rome
s'est construit lui-même; que les découvertes de Newton ont été faites par son corps;
et qu'en tout cela, l'ame n'est occupée qu'à
regarder faire. Il en résulte donc que tout
individu ne peut avoir été produit que par
un autre individu, et ainsi jusqu'à l'infini.
Cependant il vous faut une cause première
et un moment fixe pour son action. Vous
vous souvenez de mon raisonnement de tantôt; voudriez vous enfin répondre à ce qui
en fait le point décisif? »

J'y répondrai; mais ce ne sera qu'après
que je me serai expliqué sur votre temple
de S. Pierre à Rome, et sur vos découvertes
de Newton. Le temple de S. Pierre à Rome
ne s'est point bâti lui-même; tout ce que l'u-
nivers entier renferme d'étendue corporelle
y a concouru. Quant aux découvertes de
Newton, elles ne regardent que la pensée....

« Soit. Mais la pensée modifiée que vous appelez ame, n'est que l'idée ou la conception du corps, ou n'est que le corps lui-même considéré du côté de la pensée. L'ame de Newton est donc caractérisée par le corps de Newton. Par conséquent son corps, quoiqu'il ne pensât pas, a *fait* les découvertes, contemplées, conçues, senties ou pensées par son ame. »

Malgré ce qu'il y a de louche dans votre façon de présenter la chose, je vous laisserai passer votre raisonnement, pourvu que vous vous rappeliez, qu'il ne faut pas moins que l'univers entier pour caractériser le corps de Newton dans tous ses momens, et que l'ame n'a les idées de son corps que par les idées de ce qui le caractérise. Cette considération importante n'empêchera pas l'imagination de se révolter contre la vérité que je soutiens. Dites à un homme qui n'est pas géomètre, qu'un quarré fini est égal à un espace infini. Après que vous le lui aurez démontré, son esprit se trouvera dans une perplexité, qu'il parviendra à vaincre pourtant à force de méditations [1]. Il seroit pos-

---

[1] Sophyle, tom. I, pag. 321.

sible que l'imagination même fût réconciliée jusqu'à un certain point avec ma doctrine, si l'on s'y prenoit de la bonne manière, en faisant voir la progression insensible qui de l'instinct du sauvage retournant à l'arbre ou à la caverne qui lui a servi d'abri, conduit à la construction du temple de St. Pierre. Qu'on réfléchisse à cette organisation si compliquée des différens corps politiques, et qu'on cherche ce qui en a formé l'ensemble: plus on y réfléchira profondément, et très-profondément, plus on n'y verra que des ressorts aveugles, des opérations machinales, mais, à la vérité, d'une machine semblable à celle de la première main, dont les forces se composent elles-mêmes et pour leur propre intérêt, selon le degré de leur énergie; d'une machine, dont tous les ressorts ont le sentiment de leur action; sentiment qu'ils se communiquent en se communiquant leurs efforts, dans une progression nécessairement infinie. Il en est de même des langues, dont la construction achevée semble tenir du prodige, et dont cependant aucune n'a été faite d'après la grammaire. En y regardant de près, nous verrons qu'en toutes choses l'action a précédé la réflexion, qui n'est que *le progrès de l'action.* En un mot, nous savons à mesure que nous faisons; voilà tout.

Venons maintenant à votre argument. Vous soutenez qu'on ne peut aller de raison en raison à l'infini, mais qu'il faut un moment fixe, un commencement d'action de la part d'une cause première et pure. Je soutiens, au contraire, que dè raison en raison, on ne peut aller qu'à l'infini, c'est-à-dire, qu'on ne peut supposer un commencement d'action absolu, sans supposer le rien produisant quelque chose. Cette vérité, qui, pour être saisie, n'a besoin que d'être présentée, est susceptible, en même temps, de la démonstration la plus rigoureuse. La cause première n'est donc pas une cause à laquelle on arrive par des causes prétendues secondes; elle est toute immanente, agissant également dans tous les momens de l'étendue et de la durée. Cette cause première, que nous appelons Dieu ou la nature, agit par la même raison par laquelle elle est; et comme il est impossible qu'il y ait un principe ou une fin de son existence, il est également impossible qu'il y ait un principe ou une fin de ses actions.

Je laisse là Spinoza, impatient de me jeter
dans les bras du génie sublime qui a dit [1]:
« Qu'un seul soupir de l'ame qui se manifes-
« te, de temps en temps, vers le meilleur,
« le futur et le parfait, est une démonstra-
« tion plus que géométrique de la divinité. »
Toute la force de mon attention s'est tour-
née, depuis quelque temps, de ce côté,
qu'on pourroit nommer celui de la foi. Vous
savez ce que Platon écrivit aux amis de Dion:
*Quod ad res divinas intelligendas facit, nul-
lo pacto verbis exprimi potest, quemadmo-
dum ceteræ disciplinæ : sed ex diuturna
circa id ipsum consuetudine, vitæque ad ipsum conjunctione, subito tandem quasi ab
igne micante lumen refulgens in anima se
ipsum jam alit.* Cela revient à ce que vous
dites dans l'*Aristée* [2] : « Que la conviction
« du sentiment, dont toute autre conviction
« n'est que le dérivé, naît dans l'essence, et
« ne sauroit être communiquée. » Mais le
sentiment, qui est la base de cette conviction, ne doit-il pas se trouver dans tous les
hommes; et ne seroit-il pas possible de le

[1] Aristée, tom. II, pag. 102.
[2] Aristée, tom. II, pag.101 et 103.

dégager plus ou moins dans ceux qui paroissent en être destitués, si on s'appliquoit à
détruire les résistances qui s'opposent à l'effet de son action? En méditant sur cet objet, j'ai cru entrevoir que la matière des
certitudes, qui n'a pas encore été approfon-
die, pourroit être traitée de façon qu'elle
nous conduisît à de nouveaux axiomes. Je
n'abuserai pas de votre patience en vous dé-
taillant mes réflexions sur ce sujet : c'est pour
vous demander des lumières que j'ai pris la
plume, et non pour vous en offrir. Puissiez-
vous ne me pas juger indigne de vos instructions. J'ose vous en demander, pour
combattre les argumens de Spinoza contre
l'intelligence et la personnalité du premier
principe, la volonté libre et les causes finales; argumens dont je n'ai jamais pu venir à
bout avec de la bonne métaphysique. Cependant il est essentiel d'en découvrir et de
pouvoir en démontrer les défauts : puisque
sans cela nous aurions beau renverser la
théorie de Spinoza dans ce qu'elle a de po-
sitif, ses adhérens n'en continueroient pas
moins vivement la guerre; ils se retranche-
roient jusques dans les débris du système

écroulé , en disant que nous mettons une *absurdité évidente* à la place de ce qui n'est qu'incompréhensible, et que ce n'est pas ainsi qu'on fait de la philosophie.

FIN.

TABLE

DU SECOND VOLUME.

ERRATUM.

Il s'est glissé dans quelques exemplaires une faute dans la note de la page 511. Lisez *Moses*, au lieu de *Moser*.

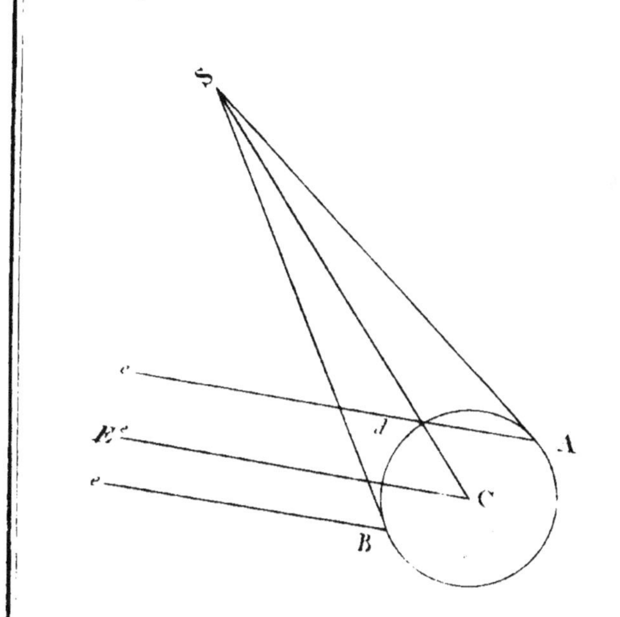
S
e
E
e
d
A
C
B

www.ingramcontent.com/pod-product-compliance
Lightning Source LLC
LaVergne TN
LVHW021220170726
843501LV00003B/603